Ulrich Haag
Wenn Steine sprechen

Ulrich Haag

# Wenn Steine sprechen

## Gemeindegottesdienste mit Symbolen

Patmos Verlag Düsseldorf

*Sabine –*
*Klippe im Wellenschlag der Worte*
*silberne Spur auf mondloser Haut*

Die Deutsche Bibliothek – CIP-Einheitsaufnahme

*Haag, Ulrich:*
Wenn Steine sprechen: Gemeindegottesdienste mit Symbolen / Ulrich Haag. – 1.Aufl. – Düsseldorf: Patmos-Verl., 1998
ISBN 3-491-70300-X


1. Auflage 1998
Umschlagbild: Rüdiger Pfeffer
Innenillustrationen: Rüdiger Pfeffer
Druck und Bindung: Grafo S.A., Bilbao
ISBN 3-491-70300-X

# Inhalt

# Zuvor bemerkt
## Einführung

### Das Symbol

Von Rabbi Lipschitz Salman aus L'vov wird erzählt:
Eines Tages kam zu ihm einer seiner Schüler und fragte: Rabbi, woran merkt ein Mensch, daß Gott ihn ruft? Zur Antwort holte der Rabbi einen Angelhaken hervor und drückte ihn dem Fragenden tief in die Handfläche, sodaß ihm die Tränen in die Augen schossen. Dazu sprach er: Wenn Er uns ruft, gepriesen sein Name, dann schneidets uns durch Haut und Knochen bis aufs Blut, und wir hangen an seinem Wort mit unserem Leben, in Schmerzen wie der Fisch an der Angel." Da erlosch die Spur Hochmut, die der Rabbi in den Augen des Schülers erkannt hatte – und der ging hinweg.
Eines anderen Tages kam ein anderer und stellte die nämliche Frage. Da nahm der Rabbi eine Flaumfeder, legte sie in die Hand des Schülers und blies seinen Atem drauf. Dazu sprach er: „Wenn Er ruft, Sein Name habe Bestand bis an die Pforten der Zeit, so wird dir leicht und fällt alles von Dir, was Dein Herz schwer macht. Denn es steht geschrieben: Die ihm entgegensehen, werden erfüllt mit Stärke. Sie heben sich in die Höhen, wie der Adler auf seinen Schwingen." Da wich die Schwermut aus dem Herzen des Fragenden und er ging weg mit leichtem Schritt.[1]
Diese beiden Begebenheiten zeigen, daß ein Symbol mehr ist als nur Anknüpfungspunkt für ein gelehrtes Wort oder Veranschaulichung der Verkündigung. Das Symbol – Menschen in die Hand gelegt – bewirkt im besten Falle, was es aussagt: Es nimmt den Stolz des einen, es bläst die Schwermut aus dem Herzen des anderen fort.
Im Mittelpunkt der folgenden Entwürfe steht jeweils diese Geste: Die Teilnehmerinnen und Teilnehmer bekommen einen symbolischen Gegenstand in die Hand gelegt – ein Stück Zollstock, eine leere Filmspule, ein Stein. Im Gottesdienst werden diese Gegenstände zum entscheidenden Detail. Sie geben greifbaren Anteil an dem, worauf sich der Gottesdienst konzentriert. Sie geben Gelegenheit, selbst Gedachtes und Empfundenes daran festzumachen, und sie helfen beim Transfer in den Alltag: Die Gemeindemitglieder nehmen den erhaltenen „Schatz" mit nach Hause. Dort kann er noch eine Zeitlang als Gedächtnisstütze lebendig bleiben.

## Teilhabe und Gemeinschaft

Die Erneuerte Agende gliedert – wie die ihr vorausgehenden Entwürfe – den Gottesdienst in fogende Grundstruktur: Eröffnung und Anrufung, Verkündigung und Bekenntnis, Abendmahl, Sendung.[2] Manfred Josuttis bemängelt, daß es sich hierbei um eine bloße Aneinanderreihung von Strukturblöcken handele.[3] Um dem Sinnzusammenhang und der inneren Dynamik der Liturgie gerecht zu werden, unterscheidet er in *purificatio* (Reinigung, Vorbereitung), *illuminatio* (Erleuchtung durch das Wort) und *unio* (Vereinigung, Partizipation am Leib Christi).[4] Läßt man diese Gliederung zunächst einmal gelten (zu Rückfragen s.u.), so kann man feststellen, daß sich – mit Ausnahme der traditionellen Elemente Brot und Wein – die Verwendung von Symbolen bisher ausschließlich auf den Bereich der *illuminatio* beschränkt: Sie dienen dazu, die Verkündigung einleuchtend und plausibel zu gestalten.

Die Gottesdienste in diesem Buch gehen einen Schritt darüber hinaus. Sie machen ihre Symbole zum Hauptbestandteil der *unio* – ohne dabei gleich zu einer Kommunionfeier im engen Sinne zu werden. Auf diese Weise möchten sie helfen, ein protestantisches Dilemma zu überwinden. Anders als in der katholischen Messe wird in den evangelischen Gottesdiensten das Element der *unio* häufig vermißt. Aus Respekt vor dem Sakrament wird das Mahl in vielen evangelischen Gemeinden nur in größeren Zeitabständen gefeiert. Der reine Wortgottesdienst ist die Regel. Er läßt manche Besucherinnen und Besucher jedoch mit dem Gefühl zurück, als habe etwas Entscheidendes gefehlt.

Die Entwürfe in diesem Buch tragen dem Respekt vor dem Mahlsakrament Rechnung und bieten trotzdem die Möglichkeit zur *unio*. Sie laufen alle auf ihren Höhepunkt zu: Die Feier der *Gemeinschaft und Teilhabe,* in deren Verlauf jede und jeder Anteil erhält – und zwar am inhaltlichen Geschehen ebenso wie an der vorfindlichen Gemeinschaft des Leibes Christi, der Gemeinde. Die für diese Feier vorgesehenen Texte sind so abgestimmt, daß sie weder unter quasisakramentalem Ernst leiden noch in ein oberflächliches Spielen mit dem Gegenstand abgleiten. Sie machen klar: Das Symbol, das wir in Händen halten, ist ein Zeichen für die sich frei austeilende Gnade Gottes ebenso wie für seinen Anspruch auf unser ganzes Leben.

## Der Spielraum

Die Liturgie des Sonntagsgottesdienstes hält sich seit Jahrhunderten schon an ein Prinzip, das in den letzten Jahren vor allem für den privaten Hörfunk entdeckt und dort rigoros angewendet wird: Kein Stück über drei Minuten! Darin ist die Agende höchst modern: Sie kennt den Phasenwechsel zwischen Hören und Sprechen, zwischen Wort und Lied, zwischen Sitzen, Stehen und sogar den Platz verlassen (Abendmahl), zwischen Reden und Handeln (Taufe). Lediglich die Predigt ragt aus diesem abwechslungsreichen Verlauf als langer monologischer Block heraus. In den folgenden Entwürfen wird die Predigt konsequent auf einen *Zwischenruf* reduziert. Darüber hinaus gewinnen die Gottesdienste an Lebendigkeit, wenn vorhandene Spielräume ausgeschöpft und neue eröffnet werden. Vor allem Anlässe, zu denen Kinder den Platz verlassen können (bei der Taufe aus nächster Nähe zusehen; das Symbol zum Meditieren und Mitnehmen vom Altar aus durch die Reihen tragen etc.), sollten genutzt und umsichtig inszeniert werden.

## Die Geschichte

Die folgenden Gottesdienste eignen sich durchweg für die Feier auch mit Kindern. Sie berücksichtigen die Erfahrung, daß auf Kinder nichts konzentrierender wirkt als eine konzentrierte Umgebung. Ist der Gottesdienst für die Eltern spannend, hören auch die Kinder aufmerksam zu. Desweiteren bemühen sich die Gottesdienste um kindgerechte Verkündigung. Die Kirche ist an dieser Stelle noch mit einem Medium vertraut, das im Zeitalter der Telekommunikation vom Aussterben bedroht ist, obwohl es den urmenschlichen und genuin christlichen Weg der Überlieferung darstellt: Die von Angesicht zu Angesicht erzählte Geschichte. Sie bildet das narrative Zentrum auch der folgenden Entwürfe und vermittelt den inhaltlichen Kern auf elementare, anschauliche Weise. Zu einem Einstieg in die Kunst des freien Erzählens leitet das Buch *Erzähl doch wieder* [5] an.

## Der Verlauf

Bei der Dreiteilung des Gottesdienstes in purificatio, illuminatio und unio konzentriert sich M.Josuttis ausschließlich auf die Begegnung des Menschen mit der „transzendenten Macht“.[6] Allerdings wird der Gottesdienst von den Teilnehmerinnen und Teilnehmern in gleichem Maße als zwischenmenschliches Geschehen erlebt. Dem trägt Dieter Trautwein in seinem Buch *Mut zum Fest* Rechnung. Er entfaltet die Liturgie als eine Abfolge aus Lernschritten und unterscheidet vier Hauptabschnitte: 1. Lage und Frage; 2. Suche und Antwort; 3. Dank, Bitte, Tat; 4. Ausblick und Zusage.[7]
Ein Gottesdienst ist beides: Geschehen zwischen Gott und Mensch und

Geschehen zwischen Mensch und Mensch. Das Verlaufsschema der folgenden Entwürfe übernimmt dementsprechend Merkmale aus beiden obengenannten Strukturierungsversuchen und legt bei der Darstellung der Gottesdienste durchgehend folgendes Raster zugrunde:

- Die ***Klärungen*** vollziehen den ersten Schritt in den Gottesdienst hinein. Sie entsprechen dem Schritt der purificatio. Geklärt werden Fragen in Bezug auf das Thema. Geklärt wird aber auch das Beziehungsgeflecht: Die Beziehung der Teilnehmer untereinander, zu sich selbst und schließlich auch die Beziehung zu Gott.
- ***Rede und Antwort*** beleuchten das Thema von verschiedenen Seiten und vertiefen es existentiell. Der ***Zwischenruf*** spitzt es theologisch zu und unternimmt den Versuch der illuminatio.
- Unter ***Teilhabe und Gemeinschaft*** (unio) erhalten die Besucherinnen und Besucher in Form von Symbol und Interaktion greifbaren Anteil am Geschehen und an der Botschaft des Gottesdienstes.

Der Abschnitt ***Zurück in den Alltag*** gibt Impulse zur Umsetzung des Gehörten und Erlebten. Am Ende der Gottesdienste steht der Segen.

## Erläuterungen zur Lektüre

Die Darstellung der folgenden Gottesdienstentwürfe gliedert sich jeweils in drei Abschnitte:

In den ***Anmerkungen zu Vorbereitung, Planung und Verlauf*** können Sie sich ein knappes Bild davon machen,
- worum es in diesem Gottesdienst geht,
- welches Symbol zum Meditieren und Mitnehmen für den Gottesdienst vorgesehen ist und
- was Sie im Vorfeld des Familiengottesdienstes allgemein beachten sollten.

Der ***Verlaufsplan*** gibt jeweils eine vollständige und genaue Übersicht über das Geschehen im Familiengottesdienst.

Unter der Rubrik ***Texte*** finden Sie die im Verlaufsplan *kursiv* gedruckten Stücke ausformuliert und in entsprechender Reihenfolge.

Lieder und liturgische Stücke werden im Verlaufsplan mit Titel und Nummer angegeben. Die Numerierung bezieht sich auf das Evangelische Gesangbuch (EG), die Nummern ab 536 aufwärts beziehen sich auf den landeskirchlichen Liedteil der Evanglischen Kirche im Rheinland, Westfalen und Lippe sowie der Evangelisch reformierten Kirche. Lieder, die in den Gottesdiensten vorkommen, aber nicht im EG stehen, finden Sie ausführlich mit Text und Melodie an der jeweiligen Stelle unter der Rubrik Texte. Biblische Texte werden im Normalfall lediglich mit Versstelle angegeben. Bestehen sie jedoch aus einer umfangreichen Versauswahl, werden sie vollständig abgedruckt. Verschiedene Bibeltexte werden frei wiedergegeben bzw. paraphrasiert, um die Nähe zum Thema sprachlich deutlich werden zu lassen. Immer gehen sie von der Übersetzung Martin Luthers aus und lehnen sich mehr oder weniger stark an sie an.

Die Gottesdienste können bedenkenlos über alle Altersgrenzen hinweg mit der ganzen Gemeinde gefeiert werden. Ihre Thematik richtet sich jedoch z.T. an unterschiedliche Zielgruppen (Jugendliche, Kindergarteneltern, Senioren). Sie werden jeweils unter den *Anmerkungen zu Vorbereitung, Planung und Verlauf* kurz erwähnt.

## Mut zum Aneignen

Bei den folgenden Entwürfen und Texten handelt es sich um Vorschläge – nicht um strikte Vorgaben. Die Leserinnen und Leser sind frei, Texte umzustellen oder so zu formulieren, wie es ihnen entspricht. Sie können sogar einzelne Textblöcke zwischen den Gottesdiensten hin und herschieben, wenn es ihnen plausibel erscheint. Auf diese Weise kann kreativ Bearbeitetes und neu Geordnetes zur eigenen, authentischen und überzeugenden Verkündigung werden.

---

[1] Weitere chassidische Geschichten und ihre Auslegung in: Martin Buber, Der Weg des Menschen nach der chassidischen Lehre, Heidelberg [7]1977
[2] Ausgeführt z.B. in Evangelisches Gesangbuch für das Rheinland u.a., Neukirchen-Vluyn u.a. 1996.
[3] Manfred Josuttis, Der Weg in das Leben, München 1991, S.160f.
[4] ebd. S.162.
[5] Eberhardt Dietrich, Erzähl doch wieder, Stuttgart 1988
[6] M.Josuttis, Der Weg in das Leben, S.162
[7] Dieter Trautwein, Mut zum Fest, München 1975, S.59.

# Engel

Adventgottesdienst für Kinder und Erwachsene

*Symbol: Eine Feder*

## Anmerkungen zu Planung, Vorbereitung und Verlauf

Der Gottesdienst eignet sich von Aufbau und Thematik her für jeden Adventssonntag und eine Feier mit der gesamten Gemeinde.
Das **Symbol zum Meditieren und Mitnehmen** ist eine **Flaumfeder**, wie sie zur Füllung von Oberbetten verwendet wird. Man erhält sie in der Regel in Bettengeschäften oder Betrieben, die sich auf die Reinigung und Wiederbefüllung von Daunenbetten spezialisiert haben. Eine Handvoll davon reicht aus; in dieser geringen Menge und für den kirchlichen Zweck bekommt man sie sicher umsonst. Die Federn dürfen nicht zu klein und nicht zu leicht sein, sonst sind sie für die Teilnehmerinnen und Teilnehmer unhandlich.
Es lockert die Geschichte auf, wenn man sie mit einer Handpuppe und zu zweit oder zu dritt vorliest. Wenn nötig, kann man sie durch ein Lied unterbrechen.
Der folgende Entwurf enthält eine Taufansprache (*Nachgedacht: Schutzengel*). Will man in diesem Gottesdienst auf die Taufe verzichten, läßt er sich bei geringfügigen Veränderungen als bloße Tauferinnerung einsetzen.

## Verlaufsplan

**Klärungen**
Begrüßung, Anzünden der Kerze(n)
Lied: Wir sagen Euch an den lieben Advent (EG 17)
*Nachgefragt: Habt Ihr schon einmal einen Engel gesehen?*
Kurze Musik

**Rede und Antwort**
*Erinnert: Engel in der Bibel*
Der Engel bei Maria. Lesung aus Lukas 1,26-38
*„Da verließ sie der Engel..." Überleitung zum Psalm*
Psalm im Wechsel (Magnificat; EG 769)
Lied: Macht hoch die Tür (EG 1)
*Nachgedacht: Schutzengel (Taufansprache)*
Lied: Ich möcht, daß einer mit mir geht... (EG 209)
*Erzählt: Wie der Engel Jonathan versuchte, auf Erden Gutes zu tun*
Lied: Oh Heiland, reiß die Himmel auf ... (EG 7)

**Teilhabe und Gemeinschaft**
*Zum Meditieren und Mitnehmen: Federn*
*Lied: Es müssen nicht Männer mit Flügeln sein ...*

**Sendung und Segen**
*Fürbittgebet*
Vaterunser
Segen

## Texte

### Nachgefragt: Habt Ihr schon einmal einen Engel gesehen?

Fragen an die Kinder:
Habt Ihr schon einmal einen Engel gesehen? So einen richtigen? Wo denn? Wie sah er aus? Woran konnte man sehen, daß es ein Engel war? Was machen Engel? Was können sie?

Frage an die Erwachsenen:
Haben Sie schon einmal einen Engel gesehen, wie die Kinder ihn beschrieben haben? (...)
Nein? – Aber es müssen ja nicht immer Männer mit Flügeln sein...

Werbeanzeigen, Schaufenster, Christbäume, ja tatsächlich sogar das Wohnzimmer des evangelischen Pfarrers ist in der Adventszeit mit Engeln geschmückt. Aber sind sie mehr als ein Schmuck, mehr als ein guter religiöser Einfall?
Wir werden sehen...

### Erinnert: Engel in der Bibel

Engel – gibt's die überhaupt?
In der Bibel jedenfalls!
Gott vertreibt Adam und Eva und postiert vor dem Tor zum Paradies einen Racheengel mit Schwert.
Jakob auf der Flucht vor Esau legt abends erschöpft seinen Kopf auf einen Stein. In der Nacht träumt er eine Leiter, die vom Himmel bis zur Erde reicht. Darauf steigen die Engel Gottes hinauf und hinunter.
Der Prophet Jesaja wird sogar in den himmlischen Hofstaat entrückt. Er sieht die Engel vor dem Thron Gottes und hört ihren immerwährenden Lobgesang: Heilig, Heilig, Heilig ist Gott, der Herr!
Und natürlich: Was wäre die Weihnachtsgeschichte ohne die Engel, die den Hirten große Freude verkünden, die allem Volke widerfahren soll?

Am Grab Jesu schließlich steht ein Engel und schickt die Jüngerinnen um: Jesus ist nicht hier. Er ist auferstanden. Was sucht ihr den Lebenden bei den Toten?

Engel begegnen uns in der Bibel auf Schritt und Tritt.
Demnach müßten uns heute auch auf Schritt und Tritt Engel begegnen.
Vielleicht ist es ja so.
Vielleicht ist es so, daß wir verlernt haben, Engel in unserem Alltag wahrzunehmen?
Von einer, bei der sich ein Engel so deutlich bemerkbar macht, daß sie ihn nicht übersehen kann, handelt folgende Begebenheit:
*(Es folgt die biblische Lesung aus Lukas 1,26-38)*

**„Da verließ sie der Engel ..." – Überleitung zum Psalm**

Da verließ sie der Engel. In Marias Herz aber formten sich die Worte zu einem Gebet.
Auch dieses Gebet hat der Evangelist Lukas aufgeschrieben.
Laßt uns dieses Gebet gemeinsam im Wechsel sprechen.
*(Es folgt der Psalm im Wechsel)*

**Nachgedacht: Schutzengel (Taufansprache)**

Wenn ein Kind getauft wird, tritt ein Schutzengel an seine Seite, sagten die Leute früher. Deshalb legten sie Wert darauf, die Kinder so früh wie möglich zu taufen. Sie sollten der Welt um sie her nicht schutzlos ausgeliefert sein.

Wir glauben so etwas heute nicht mehr.
Die Taufe ist keine Lebensversicherung. Getaufte und Ungetaufte kommen gleich gut durchs Leben. Oder gleich schlecht.
Und doch: Ganz falsch ist die Vorstellung vom Schutzengel nicht. Ein kluger Mann hat einmal gesagt: Ein Engel, das ist die persongewordene Gegenwart Gottes.

Gott ist gegenwärtig, wo man ihn braucht. Und gerne auch da, wo man ihn gar nicht brauchen kann. Er ist überall gegenwärtig – aber er zeigt sich nicht überall mit gleichem Gesicht. Er verkleidet sich sozusagen. Er nimmt für jeden einzelnen Menschen verschiedene Gestalt an. Gott kommt jedem

Menschen nah und bleibt ihm nah – und zwar in genau der Gestalt, die er sich ausgesucht hat, um ihm zu begegnen.
Dir zu begegnen. Mir zu begegnen. Ihnen.
Wenn wir jetzt drei Kinder taufen, dann wünschen wir ihnen, daß sie ihrem Engel immer wieder begegnen; Gott selbst begegnen, wie er nur zu ihnen kommt.

**Erzählt: Wie der Engel Jonathan versuchte, auf Erden Gutes zu tun**

„So", sagt der Erzengel Gabriel zum Engel Jonathan, „du hast hier im Himmel jetzt genug Unsinn gemacht. Es wird Zeit, daß du wieder einmal zur Erde hinabfährst und arbeitest."
„Mir auch recht", sagt Jonathan, und zieht stolz das blütenweiße Federkleid über, das alle Engel erhalten, bevor es hinunter zur Erde geht.
„Gib gut acht", knurrt der Erzengel Gabriel grimmig. „Wenn du dort unten einen dummen Streich spielst, oder dich in Dinge einmischst, die dich nichts angehen, dann färbt sich jedesmal eine Feder an deinem Kleid grau oder braun. Vollbringst du dagegen eine wirklich gute Tat", fährt er fort, „so wächst dir dafür eine goldene Feder!"
Nein, nein, da soll der Erzengel nur ganz unbesorgt sein. Jonathan hat sich fest vorgenomen, auf Erden Gutes zu tun, und mit einem makellosen Federkleid zurückzukehren.
„In einer Woche wieder zurück", befiehlt der Erzengel noch. Dann betätigt er den langen Hebel, der die Himmelstüre öffnet.

Der Engel Jonathan schwebt weiß und sanft zur Erde und landet geradewegs an seinem Bestimmungsort: auf dem Weihnachtsmarkt einer großen Stadt.
Puh, was ist das für ein Gedränge hier. Die Luft schwirrt von Musik und Stimmen und ist voll von tausenderlei Gerüchen. Und soviele Gesichter. Wie soll sich Jonathan da zurechtfinden?

Wie er sich noch umschaut, sieht er ein kleines Mädchen, das friert und von einem Fuß auf den anderen tritt. Und schaut, schaut – ja, wohin? Jonathan folgt seinen Augen und – erblickt den Maroniverkäufer, der heiße Eßkastanien aus dem dampfenden Ofen schöpft.
Wie wohl diese Kastanien schmecken? fragt sich das Mädchen. Ach, könnte ich doch nur eine kleine davon probieren!
„Was für eine gute Gelegenheit", denkt der Engel Jonathan. Heimlich schnippt er mit den Fingern – und als das Mädchen seine Hände noch tiefer

in den Manteltaschen vergräbt, stoßen seine Finger plötzlich auf etwas Warmes. Es ist eine Papiertüte, darin liegen fünf heiße Eßkastanien. Hm, wie wärmt das die klammen Hände, sie nur zu schälen. Und als sie die erste gegessen hat, spürt sie eine wohlige Wärme, die sie von Kopf bis Fuß durchströmt.
Der Maronimann schaut sich auf seinem Karren um. „Merkwürdig", denkt er. „Da hab ich doch eben noch eine halbvolle Tüte mit Kastanien liegen gehabt. Die muß mir jemand stibitzt haben. Dieses Gesindel! Da soll doch gleich ..."
Der Engel Jonathan sieht inzwischen erwartungsvoll an sich herunter. Das war doch wirklich eine gute Tat! Doch statt einer goldenen Feder findet er eine braune! Und mit jeder Kastanie, die das Mädchen in den Mund steckt, wird es eine mehr!

Oje. Jetzt wird es aber höchste Zeit, daß er etwas wirklich Gutes tut!
Da entdeckt er den Bettler. Der sitzt an ein Schaufenster gelehnt und hat einen Hut vor sich stehen. Die Leute schieben und drängen an ihm vorbei. Manche greifen in ihre Brusttasche und suchen nach ihrem Portemonnaie, wenn sie ihn sehen. Aber längst bevor sie eine Münze herauskramen können, hat sie der Menschenstrom schon weitergeschoben.
„Sieh da", denkt Jonathan. „Die Leute *wollen* schon Gutes tun. Sie brauchen nur ein wenig Zeit." Unauffällig stellt er sich in die Nähe und schnippt mit den Fingern.
Hoppla!
Da löst sich plötzlich der Schuhriemen von dem Herrn im Lodenmantel dort. Und wie er sich niederkniet, um den Schuh wieder zu binden, muß er geradewegs in den Hut vom Bettler schauen – und der ist noch ganz leer. Nun, da kann der Herr im Lodenmantel ja wohl nicht anders. Er bindet die Schleife zu Ende, und kramt ein besonders großes Geldstück aus seiner Börse hervor.
„Wenn schon dann schon", brummt er, legt es in den Hut und beschließt im Stillen, so etwas wieder öfter zu machen. Er spürt: Es ist gut für sein Herz.
„Danke", sagt der Bettler.
Hoppla! Da geht wieder einem der Schuh auf. Und als der etwas in den Hut gelegt hat, gleich dem nächsten, und dann noch dem nächsten! Der Bettler kommt aus dem Dankesagen gar nicht mehr heraus. Behende nimmt er die größten Geldstücke aus dem Hut. Nicht daß die Leute auf die Idee kommen, er hätte genug, und lebte in Saus und Braus. Aber jedenfalls: Heute abend wird er einmal in einer Pension absteigen, sich heiß duschen und auf einer richtigen Matratze liegen.
Der Engel Jonathan schnippt derweil fleißig mit den Fingern. Er merkt gar

nicht, daß ihm für jedes Schuhband, was sich löst, eine weiße Feder ausfällt, und eine braune nachwächst. Nun ja. So gesehen ist es ja auch ein dummer Streich, anderen Leuten die Schuhe aufzumachen!

Längst ist es dunkel geworden und spät. Die ersten Buden haben ihre Rollläden runtergelassen. Um den Glühweinstand drängen sich die Leute. Gleich nebenan dreht die Kindereisenbahn ihre letzte Runde. Auf dem letzten Wagen sitzt ein einziges einsames Kind.
Ringsum stehen Leute: Eltern mit Kindern, die schon genug gefahren sind und nicht mehr dürfen.
Junge Leute mit einem Becher Glühwein in der Hand.
Und alte mit Taschen bepackt und Erinnerung in den Augen.
Das Kind spürt all ihre Blicke. Es sitzt allein und traut sich nicht, nach oben zu sehen. Hoffentlich ist die Fahrt bald zuende.
Der Engel Jonathan steht daneben und schüttelt den Kopf. Wenn das keine Gelegenheit ist, etwas wirklich Gutes zu tun!
Leise schnippt er mit den Fingern – und hast du nicht gesehen: Mit einem Mal ist die ganze Eisenbahn vollbesetzt mit Kindern. Das lärmt und lacht und johlt und kreischt vor Vergnügen: Hurrah, die letzte Fahrt für heute abend!
Die Eltern wundern sich.
Und der Mann an der Kasse erst recht.
Ja, haben denn die Kinder alle bezahlt?
Flink zählt er seine Karten, zählt sie noch einmal. Es fehlen 24 Stück. Wie kann das sein?! Vor lauter Zählen läßt er den Zug fahren und fahren. Doch schließlich ist es genug.
Vergnügt beobachtet der Engel Jonathan den Schwarm Kinder, der aus der Eisenbahn steigt, eines fröhlicher als das andere.
Jetzt aber! Wo ist die goldene Feder?!
Als er an sich heruntersieht, entdeckt er zu seinem Entsetzen, daß sich auf seinem linken Flügel eine Reihe Federn braun gefärbt haben. 24 sind es insgesamt.
„Das gibt es doch gar nicht“, denkt er. „Immer, wenn ich etwas Gutes tue, hat die Sache einen Haken!“
Er beschließt, sich von nun an noch mehr Mühe zu geben.
Aber es geht den ganzen Abend so weiter, und auch am nächsten Tag: Es färbt sich eine Feder nach der anderen braun.
Und als er nach einer Woche zurück in den Himmel muß, ist sein Federkleid mit braunen und grauen Flecken völlig verhunzt.
Der Erzengel nimmt ihn bei den Ohren und zerrt ihn geradewegs vor den himmlischen Thron.

„Ja, was hast du denn getrieben?“ fragt Gott und schaut auf die schmutzigen Flügel.
Da erzählt der Engel Jonathan, wie es ihm ergangen ist.
„Herr“, sagt er am Ende, „es ist wohl so: Wer auf Erden wirklich Gutes tun will, der muß Federn lassen, sich die Finger schmutzig machen und kann keine weiße Weste behalten. Anders kann man zwischen den Menschen nichts zum Besseren bewegen.“
„Das habe ich auch schon oft gedacht“, sagt Gott, und streicht sich nachdenklich übers Kinn.
„Wenn das wirklich so ist, dann muß ich am Ende wohl selbst einmal hinunter, mich umsehen und Mensch werden unter den Menschen...“

## Zum Meditieren und Mitnehmen: Federn

Der Engel Jonathan hat es erlebt:
Was ein richtiger Engel ist, der bekommt Flecken auf seiner weißen Weste und muß Federn lassen.

Wenn man aufmerksam durch die Stadt spaziert, dann entdeckt man hier und da eine dieser Federn. Ich habe einige aufgelesen und mitgebracht. Den Kindern mit schönen Grüßen vom Engel Jonathan. Uns Erwachsenen als Erinnerung daran, daß es den Menschen nicht besser geht als den Engeln...
*(Verteilen der Federn)*

## Lied: Es müssen nicht Männer mit Flügeln sein



Vorspiel

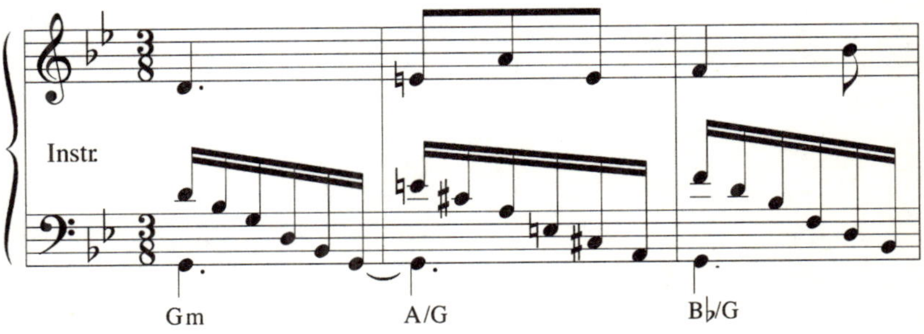

C/G Gm Cm Dm
E♭j 7 Dm Gm
Vers
1. Es müs - sen nicht Män - ner mit Flü - geln
Instr.
Gm E♭j 7 Cm F

sein, die En - gel. Sie ge - hen
B♭ Cm7 Dm7 E♭j 7 Dm7 Gm
lei - se, sie müs - sen nicht schrein. Oft sind sie
E♭j 7 Cm F B♭

Es müssen nicht Männer mit Flügeln sein, die Engel.
Sie gehen leise und müssen nicht schrein,
oft sind sie alt und häßlich und klein,
die Engel.

Sie haben kein Schwert, kein weißes Gewand, die Engel.
Vielleicht ist einer, der gibt dir die Hand,
oder er wohnt neben dir Wand an Wand,
der Engel.

Dem Hungernden hat er das Brot gebracht, der Engel.
Dem Kranken hat er das Bett gemacht,
er hört, wenn du ihn rufst in der Nacht,
der Engel.

Er steht im Weg und er sagt: Nein, der Engel,
groß wie ein Pfahl und hart wie ein Stein –
es müssen nicht Männer mit Flügeln sein,
die Engel.

**Fürbittgebet**

Spr. 1: Herr, Du hast uns versprochen, zu hören, wenn wir rufen. Daher kommen wir jetzt zu Dir und bitten:
*Alle: Herr, erhöre uns.*

Spr. 2: Es müssen nicht Männer mit Flügeln sein...
Engel können in vielerlei Gestalt zu mir kommen, leise und still meist. Doch sie alle bringen etwas von Deiner Gegenwart und Nähe.
Spr. 1: Herr öffne uns die Augen, daß wir die Engel entdecken, die uns durch das Leben begleiten. Wir bitten Dich:
*Alle: Herr, erhöre uns.*

Spr. 2: Es müssen nicht Männer mit Flügeln sein...
Es können auch Menschen sein, ganz alltägliche. Auch ich selbst kann für andere zum Engel werden, still und leise. Auch ich kann unauffällig etwas von Deiner Nähe zu den Menschen bringen.
Spr. 1: Hilf uns, Herr, öffe uns die Augen, daß wir die Menschen um uns her wahrnehmen, die uns brauchen.
Wir bitten:
*Alle: Herr, erhöre uns.*

Spr.2: Behüte mich, Herr, vor falschem Perfektionismus. Wer kommt schon bis zuletzt mit blütenweißer Weste durchs Leben? Wer kann schon zupacken, ohne sich die Finger schmutzig zu machen?

Spr.1: Daß wir uns nicht zu schade sind, und daß wir uns nicht auf unsere Unbescholtenheit und Makellosigkeit verlassen, sondern täglich neu von Deiner Vergebung leben, darum bitten wir Dich:

*Alle: Herr, erhöre uns.*

# Vom ersten Spielzeug Jesu

## Heiligabendgottesdienst

*Symbol: Ein Glöckchen*

## Anmerkungen zu Vorbereitung, Planung und Verlauf

Dieser Gottesdienst versucht den Spagat zu halten, den viele Gottesdienste am heiligen Abend halten müssen: Einerseits erwartet man von ihnen eine feierliche Stimmung. Gleichzeitig macht die große Anzahl von jungen Familien eine lockere und für Kinder ansprechende Gestaltung notwendig. Die Menschwerdung Gottes – eine der zentralen Botschaften des christlichen Glaubens soll verkündigt werden. Andererseits will man speziell an diesem Abend ungeübte Kirchenbesucher nicht überfordern.
Entscheidend für die Atmosphäre ist die Liedauswahl. Welche Lieder sind bekannt und verstehen sich von selbst? Welche will man neu in das Liedgut der Gemeinde integrieren? Fragen, die von Kirche zu Kirche unterschiedlich beantwortet werden. Bei den angegebenen Liedern handelt es sich lediglich um Vorschläge. Das Lied *Kling Glöckchen* findet sich in einschlägigen Volksliedersammlungen. Man kann es durch ein Lied aus dem EG ersetzen.
Das **Symbol zum Meditieren und Mitnachhausenehmen** ist ein **Glöckchen** (ca.3 cm groß). Man erhält es in Bastelgeschäften, z.T. auch in den Weihnachtsabteilungen der Warenhäuser, vielleicht auch im Kurzwarengeschäft. (Nicht immer ist die ausreichende Menge vorhanden, daher beizeiten besorgen.)
Die Glocke als Hauptmotiv wird gleich zu Beginn des Gottesdienstes vorgestellt. An verschiedenen Stellen der Liturgie, etwa zu Beginn der Lesungen, wird sie wieder zum Klingen gebracht.
Die *Geschichte vom ersten Spielzeug Jesu* kann man anschaulich erzählen, indem man die vier erwähnten Stofftiere (auch andere als in der jetzigen Fassung sind möglich) mitbringt. Eines der Tiere hat ein rotes Band mit einem Glöckchen um den Hals (s.dort).
Der *Zwischenruf* bezieht sich auf untenstehende Zeichnung. Sie sollte allen Besucherinnen und Besuchern vorliegen.

## Verlaufsplan

**Klärungen**
*Begrüßung: Glockenklang*
Orgel
Lied: Uns wird erzählt von Jesus Christ (EG 57)
*Meditation: Ich atme ein...*
Psalm im Wechsel (Ps.98, EG 742)
Lied: Die Nacht ist vorgedrungen ... (EG 16,1.2.4)
*Gebet zu EG 16: Stern, Glanz, Licht...*

**Rede und Antwort**
Lesung: Jes. 9,1-6
Lied: Lobt Gott Ihr Christen ... (EG 27)
Die Weihnachtsgeschichte
Weihnachtsgeschichte Teil 1 (Lk 2,1-7)
Lied: Vom Himmel hoch ...(EG 24,1.2.3.6)
Weihnachtsgeschichte Teil 2 (Lk 2,8-14)
Lied: Stille Nacht... (EG 46)
Weihnachtsgeschichte Teil 3 (Lukas 2,15-20)
Lied: Mit den Hirten ... (EG 544)

**Teilhabe und Gemeinschaft**
*Erzählt: Die Geschichte vom ersten Spielzeug Jesu*
*Zum Meditieren und Mitnehmen: Glöckchen*
Lied: Kling Glöckchen ...
*Zwischenruf: Weihnachten – Alles Kitsch?*
Lied: Freu Dich Erd und Sternenzelt (EG 604)

**Zurück in den Alltag**
*Fürbittgebet*
Vaterunser
Segen
Lied: O Du fröhliche (EG 409)
Orgel

## Texte

### Begrüßung: Glockenklang

*(Nach dem Ausklingen der Kirchenglocken:)*
Der Klang der Glocken hat uns an diesem Abend auf dem Weg in den Gottesdienst begleitet. Von allen Kirchtürmen der Stadt läuten heute die Glocken. Nicht nur in (Heimatstadt nennen): Wenn man sich auf einen hohen Berg stellte und lauschte, könnte man es womöglich hören: Glockenklang von überall her, wie ein buntes Band, das sich von Kirchturm zu Kirchturm schwingt. Wie eine lange Kette, in der sich die Menschen die Hand geben, so setzt sich das Läuten fort – von Dorf zu Dorf, von Stadt zu Stadt rund um den Erdball. Die Glocken verkünden den Menschen: Christ ist geboren. Manche verkünden es mit hellem Schall. Manche mit dunklem, starkem Klang. Dieses Glöckchen *(zeigen)* wird uns den Gottesdienst über begleiten. Es hat eine

besondere Geschichte erlebt. Einstweilen aber stimmt es in den Chor seiner großen Geschwister ein: Christ ist geboren! Hört nur auf seinen feinen Ton. *(Läuten des Glöckchens, daran anschließend Orgelvorspiel zum Thema „Christ ist geboren".)*

**Meditation: Ich atme ein ...**

Ich atme ein.
Ich atme aus.
Ich atme durch.

Zum ersten Mal an diesem Tag,
Herr, Du mein Gott.

Kurz war mein Atem heut.
Die Luft war dünn.
Die Zeit war knapp bemessen.
Geatmet hart und schnell
die letzten Wochen.

Zu schnell manchmal.
Der Atem stockt. Nicht achtgegeben!
Es hätte auch bös mit mir ausgehn können.
Und die Luft angehalten. Manches laute Wort geschluckt.
Halt um des Friedens willen.
Geseufzt. Gestöhnt nach langem Tag
und nach noch längrer Nacht.
Gekeucht. Nach Luft gerungen auf den letzten Metern.
Jetzt endlich bin ich da,
Herr, Du mein Gott.

Ich atme aus.
Ich atme ein.
Ich danke Dir, daß mein Herz noch schlägt.

Ich atme tief.
Auf dich hin lasse ich mich los.
Schenk mir den Atem Deiner Ruhe, Herr.

Amen.

**Gebet zu EG 16: Stern, Glanz, Licht...**

Stern, Glanz, Licht.
Heil. Rettung von Deinem Angesicht...
Ja: Von Deinem Angesicht, Herr,
muß die Rettung kommen.
Von unserem kommt sie nicht.
Matt. Weihnachtsmüde, Weihnachtssatt im Vorhinein
sind wir – und bitten Dich:
Bring wieder Leben in das Fest,
wo unsre Pläne zu fest stehen.
Laß Deinen Geist dort wehen,
wo nur noch Glocken lärmen
und uns die Luft ausging.
Leer sind wir.
Sei Du für uns die Fülle.
Erfülle uns mit Deinem Wort.
Sä' Stille in die Hetze unsrer Herzen.
Leg Lob in unsre müden Münder.
Und weck in uns die große Freude,
die allem Volke widerfahren soll.

Amen.

**Die Geschichte vom ersten Spielzeug Jesu**

Als die Hirten zum Kind aufgebrochen sind, sagt der große braune Hirtenhund zu sich selbst: Ich gehe auch hin und schaue mir das Kind an, was da in Betlehem geboren ist. Ich frage nur noch schnell den Bären, ob der mich vielleicht begleiten will.

Ja gerne, sagt der Bär. Aber was bringen wir denn dem Kind für ein Geschenk mit?
Ich, sagt der Hund, bringe ihm mit, daß ich vor der Stalltüre Wache halte. So kommt niemand hinein, der dem Kind Böses will.
Und ich, sagt der Bär, singe ihm ein Gutenachtlied vor.
Was? Kannst du denn überhaupt singen, Bär?
Hör mal her, sagt der Bär, hör mal. *(Spieluhr aufziehen)*
Der Hund nickt zufrieden. Bei dieser Melodie wird das Kind sicher sanft schlummern.

Nur bevor ich mitkomme, sagt der Bär, will ich noch rasch meinen Freund, den Hahn, fragen. Vielleicht will der das Kind auch sehen?
Aber ja, aber ja, kräht der Hahn, gewiß, ich bin dabei!
Und was willst du dem Kind schenken? fragt der Hirtenhund.
Ich schenke ihm ein paar von meinen weichsten Federn.
Der Hund und der Bär nicken. Aus den Federn kann Maria ein weiches Kissen stopfen für das Kind.
Aber, sagt der Hahn, bevor wir loskönnen, will ich noch meinen Freund fragen, das Schaf. Vielleicht will es ja auch mitkommen?

Natürlich will ich, sagt das Schaf, ich weiß sogar den Weg zum Stall.
Den weiß ich selbst, knurrt der Hund. Sag mal lieber, was du dem Kind mitbringen willst.
Ich bringe ihm etwas von meiner weichen Wolle, sagt das Schaf, daraus kann Maria einen Pullover für das Kind stricken.
Dummes Schaf, sagt der Bär. Schau dich doch an! Hast du vergessen, daß dich der Schäfer letzte Woche geschoren hat?
Tatsächlich! Das Schaf ist kahl! Was könnte es dem Kind denn dann schenken? Sie überlegen und überlegen – aber sie finden nichts.

Also muß es hierbleiben, entscheidet der Hirtenhund schließlich.
Ausgeschlossen, sagt der Hahn. Wenn das Schaf nicht mitkann, gehe ich auch nicht mit.
Wenn der Hahn nicht mitgeht, gehe ich auch nicht mit, sagt der Bär.
Wenn der Bär nicht mitgeht, gehe ich auch nicht mit, sagt der Hund. Also gehen wir alle zusammen. Aber wenn Maria uns nicht reinläßt, nur weil das Schaf kein Geschenk hat, dann seid ihr daran schuld, nicht ich!

So gehen sie los. Das Glöckchen bimmelt am Hals des Schafes, daß man es schon von weitem hört. Dem Schaf ist gar nicht wohl in seiner Haut. Was nur, wenn Josef es an der Stalltüre abweist, weil es solch einen Lärm macht? Und noch dazu ohne Geschenk gekommen ist!
Doch als sie den Stall betreten, ist alle Aufregung verflogen.
Keiner weist sie ab. Keiner kontrolliert die Geschenke.
Josef begrüßt sie mit einem Kopfnicken. Die Hirten sprechen leise miteinander. Maria wiegt das Kind auf den Armen. Es schläft!

Aber als das Schaf mit seinem Glöckchen als letztes in den Stall kommt, schlägt das Kind mit einemmal die Augen auf.
Seht nur, es kann das Glöckchen hören, sagt einer der Hirten andächtig.

Da darf sich das Schaf nah zu dem Neugeborenen legen. Das Kind hört das leise Klingen der Glocke gleich neben seinem Ohr und greift mit seinen Fingern danach. Was für ein verständiges Kind!
Wart, sagt Maria zum Schaf, ich binde dir die Glocke los. Dann brauchst du dir den Hals nicht zu verrenken. So.
Jetzt hält das Kind die Glocke selbst in der Hand. Das ist das schönste Geschenk heute abend.

Leider allerdings ist das Glöckchen später dann verloren gegangen. War es Josef, war es Maria? – auf jeden Fall haben sie es im Stall liegengelassen, als sie tags darauf in aller Eile aufbrechen mußten und nach Ägypten fliehen, weil Herodes dem Kind nachstellte.
Ein Hirtenjunge hat es schließlich an seiner roten Schnur aus dem Stroh gezogen. Von ihm hab ich es bekommen. Und auch die Geschichte hat er mir erzählt, daß nämlich das erste Spielzeug des Jesuskindes noch in der Krippe dieses Glöckchen gewesen sein muß.

**Zum Meditieren und Mitnehmen: Glöckchen**
*Die Glöckchen werden an die Teilnehmer und Teilnehmerinnen verteilt.*

**Zwischenruf: Weihnachten – alles Kitsch?**

Klingende Glocken, bimmelnde Glöckchen, eine heimelige Weihnachtsgeschichte und süßliche Lieder: Ist das alles nicht bloß ein weiterer Bestandteil der Kitsch- und Plunder-Romantik, die in den letzten Jahren auf geradezu bizarre Weise vom Weihnachtsfest Besitz ergriffen hat?
Das Eigentliche, der Sinn des Festes scheint mehr und mehr unterzugehen. Seit die Innenstädte schon im November feierlicher ausgeleuchtet sind als die Kirchen zur Weihnacht und die Musik in den Kaufhäusern besinnlicher klingt als Orgel und himmlischer Chor zusammen, haben feierliche Gottesdienste am Heiligen Abend etwas Verdächtiges an sich. Es ist, als reihten sie sich ein in die allgemein veranstaltete sentimentale Festlichkeit.
Und so stehen wir in diesem Gottesdienst nicht anders da als die Menschen auf dem Deckblatt unseres Liederheftes. Müde. Mit eingezogenen Schultern, den Blick wie hypnotisiert auf die Menge glitzernden Kram gerichtet, der sich da wie ein Schwall Müll geschüttet von oben in ihre Mitte ergießt. In diesem illuminierten Chaos, dieser übervollen und doch leeren Glitzerwelt wird Gott uns gewiß nicht begegnen. Bei uns käme das Kind wohl nicht zur Welt. Allein aus moralischen Gründen nicht.

*Oder?*
Mag sein: Der Sinn des Festes ist uns abhanden gekommen, und nicht selten ist uns der Zusammenhang unseres Lebens verloren gegangen. Aber das Leben der Hirten zur Zeit Jesu war um keinen Deut sinnvoller. Sie alle mußten das Gefühl haben, auf der verlorenen, vergessenen Seite ihres Planeten zu stehen.
Wir sind erschöpft und ausgelaugt von den tausenderlei Ansprüchen, die an uns zerren. Mag sein, daß das Leben der Hirten damals ein wenig geruhsamer verlief – aber ein Zuckerschlecken war es gewiß nicht, die Nacht hindurch um ein dürftiges Feuer zu liegen und Tiere zu hüten. Arm waren die Leute damals.
Mag sein, daß wir *unser* Elend inmitten des Luxus erst mühsam freilegen müssen. Aber unser selbstorganisierter, schier unentrinnbarer Reichtum wird Gott ebensowenig davon abhalten, zu uns Menschen zu kommen, wie ihn damals die erbärmliche Armut davon abgehalten hat. Zu uns heute mag das Kind genauso kommen wie zu den Hirten.
Mit dieser frohen Botschaft im Rücken sehe ich das Bild plötzlich mit anderen Augen: Mitten in dieser Wolke von Krimskrams, die da vom Himmel fällt, kommt doch etwas zu den Menschen, was sie wärmt, was sie still macht, was sie konzentriert. Das Gewirr aus Licht und Plunder nimmt bei näherem Betrachten die Gestalt eines Engels an, der die Umstehenden umgreift und beschützt. Und miteinemmal sehen die dunklen Gestalten so aus, als hätten sie sich um die Krippe herum versammelt, wie einst die Hirten von Betlehem. Das alles geschieht unerwartet, gegen alle moralischen Einwände – mitten im Trubel, wo keiner es vermutet: die Menschwerdung Gottes unter uns.

Vielleicht begegnet uns in den kommenden Tagen auch etwas davon: mitten im Rabatz unserer Städte – die Stille der Weihnachtsnacht. Mitten in der Agonie dieses verschlissenen Jahrhunderts etwas von Zusammenhalt und Heil, die durch die Welt gehen. Mitten im Glitzern unserer Feste etwas vom wahren Licht. Mitten in der Preisgegebenheit unseres Daseins etwas von der Verletzlichkeit Gottes, die uns umgibt wie ein behutsamer Mantel.
Amen.

**Fürbittgebet**

Spr. 1: Herr, unser Gott – Du bist in Jesus Christus Mensch geworden.
Du weißt, was uns bewegt oder bedrückt.
Zu Dir kommen wir und bitten:
*Alle: Herr, erhöre uns.*

Illustration: © Christine Biehler

Spr.2: Wir denken an alle, die heute abend den Klang der Glocken von weitem hören, aber in unserem Kreise fehlen. Denken an die, die krank sind. An die, für die der Weg zu mühsam war. An die, die unterwegs sind oder fremd in unserem Land. Wir bitten Dich für sie und rufen:

*Alle: Herr, erhöre uns.*

Spr.1: Wir bitten Dich für alle, die den Klang der Glocken nicht mehr hören mögen. Die sich abwenden, weil sie mit der Kirche schlechte Erfahrungen gemacht haben. Bitten Dich für die, die Vorurteile haben. Und für die, die sich schuldig fühlen und deshalb nicht zu Dir finden.

Spr.2: Daß alle Menschen spüren, wie barmherzig Du bist und daß Du jeden annimmst, der sich auf den Weg zur Krippe macht, darum bitten wir Dich und rufen:

*Alle: Herr erhöre uns.*

Spr.1: Wir bitten Dich für die, die mit unendlicher Geduld den Frieden aushandeln in Tarifkommissionen und Schlichtungsausschüssen, zwischen verfeindeten Staaten und zerstrittenen Eheleuten.

Spr.2: Laß mitten in unserem mühsamen Menschenfrieden *Deinen* Frieden wachsen, der bei den Wurzeln anfängt und alle überzeugt.
Wir bitten Dich und rufen:

*Alle: Herr, erhöre uns.*

Spr.1: Weihnachten ist ein Fest von knapper Dauer. Die Tage zwischen den Jahren sind kurz. Wir bitten Dich, daß uns das Kind in der Krippe nicht verlorengeht, wenn die Feiern vorbei sind.

Spr.2: Öffne uns Augen und Sinne, daß wir Dich suchen und finden, wenn die Glocken längst aufgehört haben zu läuten. Wir bitten Dich und rufen:

*Alle: Herr, erhöre uns.*

## Wir werden immer größer –
### Familiengottesdienst mit Taufe
*Symbol: Ein Stück Zollstock*

## Anmerkungen zu Vorbereitung, Planung und Verlauf

Das in diesem Familiengottesdienst verteilte **Symbol zum Meditieren und Mitnehmen** ist **das Richtige Maß:** eine ausreichende Anzahl Zollstöcke, die vorher in jeweils 10 cm lange Stücke zersägt werden. Besonders anschaulich sind die Stücke, die noch ein Klappscharnier enthalten. Im Gottesdienst tragen Kinder die kleine Kostbarkeit in passenden Körbchen durch die Reihen; die Teilnehmerinnen und Teilnehmer wählen das für sie geeignete Stück Maß aus. Der Gottesdienst eignet sich besonders für Kindergartenkinder und -Eltern.

## Verlaufsplan

**Klärungen**
Begrüßung
„Was ist der Mensch...?" Psalm 8 im Wechsel (EG 705)
Lied: Du hast uns Herr gerufen (EG 168,1-3 evtl i.Wechsel)
*Erzählt: Die Geschichte vom Größerwerdenwollen*

**Rede und Antwort**
*Von Senfkorn, Baum und Hefeteig. Biblische Lesung nach Mt 13,31ff*
*Lied: Wir werden immer größer*
*Vorausgeschaut: Von zweien, die noch wachsen müssen*
*(skizzierte Taufansprache)*
Taufl ied: Kind, Du bist uns anvertraut (EG 596)
Taufe
Kanon: Gott, weil er groß ist... (EG 411)

**Teilhabe und Gemeinschaft**
*Zwischenruf: Das richtige Maß*
*Zum Meditieren und Mitnehmen: Zollstöcke*
*Lied: Du bist Du*

**Zurück in den Alltag**
*Fürbittgebet*
Vaterunser
Segenslied: Bewahre uns Gott (EG 171)
Segen

**Erzählt: Die Geschichte vom Größerwerdenwollen**

Jurek und Nele wohnten im gleichen Haus und spielten jeden Tag im gleichen Garten.
Eines Tages brachte Jurek einen Zollstock mit nach draußen. Ein Zollstock war ein tolles Spielzeug! Damit konnte man alles mögliche messen. Man konnte messen, wie breit das Gartentor war, wie lang der Gartentisch auf der Veranda, und wie hoch das Verkehrsschild an der Straßenecke.
Schließlich sagte Nele: „Komm, wir messen mal, wie groß du bist." Das hätte sie besser nicht gesagt. Jurek war einen Meter dreizehn groß.
„Und jetzt ich", sagte Nele. Nele war einen Meter achtzehn.
„Ich bin größer", sagte Nele, „fünf Zentimeter größer als du."
Das war kein Wunder. Nele war ja auch ein halbes Jahr älter als Jurek.
Da stellte sich Jurek auf die Zehenspitzen. „Jetzt bin ich größer", sagte er.
„Kann doch jeder", sagte Nele. „Aber wenn ich auf meine Rollschuhe steige, kannst du dich recken so hoch du willst, da holst du mich nicht mehr ein."
Und sie stieg auf ihre Rollschuhe.
Da drehte sich Jurek auf dem Absatz herum und lief ins Haus. Gleich darauf kam er zur Kellertüre wieder heraus und schleppte zwei lange Stücke Holz die Treppe hinauf. Stelzen!
„Mit denen bin ich so groß, so groß wirst du nie", sagte Jurek. Aber er konnte noch nicht richtig Stelzen laufen, und kaum stand er oben, da lag er schon auf der Nase. Nele lachte ihn aus – aber vor lauter Lachen vergaß sie, daß sie noch auf ihren Rollschuhen stand, und plumps, saß sie auf dem Po.

Beim Abendessen hatte Jurek schlechte Laune und maulte.
„Was ist denn mit dir los?" fragte der Vater. „Worüber ärgerst du dich denn so?"
„Ich will gerne so groß sein wie Nele!" sagte Jurek.
„Immer wenn ich ein Stück größer werde, wächst sie auch ein Stück. Nele ist größer als ich."
Da nahm der Vater ihn auf die Schultern und ging von der Küche zu Mutter ins Wohnzimmer – und zurück.
„Siehst Du", sagte der Vater, „wenn du auf meinen Schultern sitzt, passen wir beide gerade noch unter dem Türrahmen her. Mit Nele könnte ich das nicht mehr machen. Die ist schon zu groß!"

Am Abend ging Jurek zufrieden ins Bett.

„Nele und ich – wir werden immer größer“, dachte er. „Aber manchmal hat es auch seine Vorteile, wenn man noch klein ist.“

*(Anmerkung: Ein handfester Leitfaden beim freien Vortragen der Geschichte sind Zollstock, Stelzen und Rollschuhe, die beim Erzählen gezeigt werden.)*

**Biblische Lesung: Von Senfkorn, Baum und Hefeteig**

Von etwas, das immer größer wird, erzählt Jesus in einem Gleichnis im Matthäusevangelium:

Ein Gleichnis erzählte Jesus den Leuten und sprach:
Das Himmelreich ist wie ein Hefeteig. Eine Frau nimmt drei Würfel Hefe und mengt sie unter das Mehl und läßt den Teig gehen, und er wird größer und größer.

Und noch ein Gleichnis erzählte Jesus und sprach:
Das Himmelreich ist wie ein Senfkorn. Ein Mensch nimmt es und sät es auf den Acker, und es geht auf und wird größer und größer. Das Senfkorn ist ja das kleinste unter den Samenkörnern. Aber schaut nur: Wenn es wächst, so wächst es höher und kräftiger als alle Kräuter auf dem Feld, wird groß wie ein Baum, und sogar die Vögel des Himmels kommen und bauen Nester in seinen Zweigen.

All das erklärte Jesus den Leuten in Gleichnissen. Ohne Gleichnisse redete er nichts zu ihnen.

*(frei nach Mt 13,31ff)*

**Lied: Wir werden immer größer**

Text und Musik: Volker Ludwig und Birger Heymann;
© bei den Autoren; aus: „Grips-Liederbuch“,
Verlag Heinrich Ellermann, München

Wir werden immer größer, jeden Tag ein Stück.
Wir werden immer größer, das ist ein Glück.
Große bleiben gleich groß oder schrumpeln ein.
Wir werden immer größer, ganz von allein.

Wir werden immer größer, das merkt jedes Schaf.
Wir werden immer größer, sogar im Schlaf.
Ganz egal, ob's regnet, donnert oder schneit,
wir werden immer größer und auch gescheit.

Wir werden immer größer, darin sind wir stur.
Wir werden immer größer in einer Tour.
Auch wenn man uns einsperrt oder uns verdrischt,
wir werden immer größer – da hilft alles nischt.

*(Je nach den Gegebenheiten kann es sinnvoll sein, sich für die Feier des Gottesdienstes auf die erste Strophe zu beschränken.)*

**Vorausgeschaut: Von zweien, die noch wachsen müssen**
*(skizzierte Taufansprache)*

Wir taufen zwei Kinder, vor wenigen Wochen geboren. Zwei, die noch klitzeklein sind...
Sie haben einen langen Weg vor sich, auf dem sie wachsen. Auf dem sie immer größer werden. Stationen: Laufen lernen, selber den Löffel halten und essen, Kindergarten, erste Übernachtung bei einer Freundin, weiter Schulweg, Ferien ohne Eltern, schließlich auf eigenen Füßen stehen.
Zwei, von denen man jetzt noch nicht sagen kann, wie groß sie einmal werden, was überhaupt aus ihnen wird.
Zwei, die wir in ihrem Wachsen und Werden begleiten wollen. Und für die wir Gott bitten, daß er sie begleitet. Daran sollen die Taufsprüche erinnern: (...).

**Zwischenruf: Das richtige Maß**

Wir werden immer größer...
Eigentlich ein Kinderlied. Aber es gilt auch für Erwachsene. Auch Erwachsene wachsen noch. Sie wachsen mit ihren Aufgaben. Sie wachsen – wenn es sein muß – über sich selbst hinaus, und *laufen zu wahrer Größe auf*. Selbst ganz alte Leute, die körperlich schon wieder schrumpfen, erschließen sich noch neue Lebensräume.

Wir werden immer größer – das ist allerdings nicht nur ein Grund zur Freude. Wachsen ist eine anstrengende Angelegenheit. Ich weiß noch: Eine Zeitlang in meiner Pubertät, da bin ich so schnell gewachsen, daß ich den ganzen Tag essen mußte wie ein Scheunendrescher, und die Knochen taten mir weh, weil das Wachstum sie so schnell so lang gezogen hat. Ich kann mich auch noch gut erinnern, daß ich irgendwann mit acht oder zehn Jahren so groß war, daß ich – für die Wippe auf dem Spielplatz niemanden mehr fand, der schwer genug war, um mich hochzubringen.
Größer werden heißt also auch: Abschiednehmen von Altem, Vertrautem. Und wenn es nur die Wippe ist.

Es gibt Menschen – egal wie alt – die hören irgendwann auf, größer zu werden. Vielleicht ist es ihnen ja zu anstrengend, weiterzuwachsen. Vielleicht machen sie eine sinnvolle Pause, ruhen sich aus und holen Luft vor einem neuen Wachstumsschub, der so rasant ist, daß er ihnen den Atem nimmt.

Manche aber wollen das Alte nicht mehr verlassen. Etwas blockiert sie, etwas entmutigt sie und hält sie davon ab, sich weiterzuentwickeln. Manche Menschen bleiben auf diese Weise hinter sich selbst zurück. Sie bleiben kleiner, als sie hätten sein können. Bleiben grau und könnten doch ein bunter Vogel sein. Manche plustern sich dann erst recht auf – und beanspruchen viel mehr Platz, als sie ausfüllen können. Manche träumen davon, einmal groß rauszukommen: ein Fernsehstar zu werden, im Lotto zu gewinnen oder ein ganz dickes Auto zu fahren.
Jesus wollte, daß die Menschen ihre richtige Größe finden.
„Wer sich selbst erhöht, der wird erniedrigt werden – und wer sich selbst erniedrigt, der wird erhöht werden.“(Mt 23,12)
Oft hat man diesen Ausspruch Jesu als Aufforderung verstanden, sich auf Erden nur fleißig zu erniedrigen, damit Gott einen im Himmel dann umso höher setzt.
Ich weiß nicht, ob Jesus das gemeint hat.
Auch Jesus ist Menschen begegnet, die hinter ihren Lebensmöglichkeiten zurückblieben. Die sich kleiner machten, als sie waren. Oder sich aufplusterten und andere klein machten. In Jesu Augen kamen diese Menschen alle auf ihr eigentliches Maß. Den Hohepriestern, Königen und Statthaltern signalisierte er: Ihr seid Menschen. Die kleinen Leute, Tagelöhner, die *verlorenen Schafe* ließ er spüren: Ihr seid auch Menschen. Ihr müßt nicht die Besten werden. Du mußt nicht der Größte sein. Aber du sollst so gut werden, so groß, so klug, so tapfer – auch so traurig und so einfältig – wie du sein kannst. Für jeden Menschen hat Gott ein bestimmtes Maß geschaffen. An der Stelle, an die Gott dich stellt, sollst du genau den Raum einnehmen, den er für dich vorgesehen hat.

Was ist eigentlich **mein** genaues Maß?
Was sind meine Lebensmöglichkeiten, womöglich welche, die ich noch nicht ausgefüllt habe? Worin soll ich noch wachsen? Wie groß soll ich am Ende einmal werden? Wie klein soll ich bleiben?

Für jeden Menschen das richtige Maß ...
Ich habe heute morgen viele *Stücke Maß* mitgebracht (*zeigen*). Sie alle zeigen eine unterschiedliche Größe an und sind verschieden lang. Für jeden von uns wird wohl das *richtige Maß* dabeisein ...

**Zum Meditieren und Mitnehmen: Zollstöcke**
*Die Zollstöcke werden an die Teilnehmer und Teilnehmerinnen verteilt.*

## Lied: Vergiß es nie (Du bist du)

Originaltitel: I got you
Text und Musik: Paul Janz
Deutsch: Jürgen Werth

1. Vergiß es nie: Daß du lebst, war keine eigene Idee,
und daß du atmest, kein Entschluß von dir.
Vergiß es nie: Daß du lebst, war eines anderen Idee,
und daß du atmest, sein Geschenk an dich.

Refrain: Du bist gewollt, kein Kind des Zufalls, keine Laune der Natur,
ganz egal, ob du dein Lebenslied in Moll singst oder Dur.
Du bist ein Gedanke Gottes, ein genialer noch dazu.
Du bist du, das ist der Clou, du bist du. Ja, du bist du.

2. Vergiß es nie: Niemand denkt und fühlt und handelt so wie du,
und niemand lächelt so, wie du's grad tust.
Vergiß es nie: Niemand sieht den Himmel ganz genau wie du,
und niemand hat je, was du weißt, gewußt.

Refrain: Du bist gewollt ...

3. Vergiß es nie: Dein Gesicht hat niemand sonst auf dieser Welt,
und solche Augen hast alleine du.
Vergiß es nie: Du bist reich, egal ob mit, ob ohne Geld;
denn du kannst leben! Niemand lebt wie du.

Refrain: Du bist gewollt ...

**Fürbittgebet**

Spr.1: Herr, unser Gott, Du hast uns versprochen, uns zu hören,wenn wir zu Dir rufen.
Darum beten wir jetzt zu Dir und bitten:
*Gemeinde: Herr, erhöre uns.*

Spr.2: Wir bitten Dich für die Menschen, die ganz oben stehen, Abgeordnete und Minister, Vorsitzende und Vorgesetzte, Firmenchefs und Geschäftsführer. Sie entscheiden oft für andere mit. Sie tragen Verantwortung für viele. Hilf ihnen, an ihren Idealen festzuhalten. Wir bitten Dich:
*Gemeinde: Herr, erhöre uns.*

Spr.1: Wir denken an die Menschen, die ganz unten stehen, an die, denen die Sozialhilfe gekürzt wird, an die, denen die Rente hinten und vorne nicht reicht, an die, bei denen die Miete das halbe Gehalt verschlingt. Es gibt vieles zu sehen, was die einen besitzen – die anderen aber können es sich nicht leisten. Herr, zeig uns, was unser Leben wirklich reich macht. Wir bitten Dich:
*Gemeinde: Herr, erhöre uns.*

Spr.2: Wir denken an die, die sich selbst klein machen oder von anderen klein gehalten werden. Hilf ihnen, daß sie erkennen, welche Bedeutung ihr Leben haben kann. Wir bitten Dich für die, die sich aufblasen oder von anderen auf den Sockel gestellt werden. Hilf ihnen, das rechte Maß zu finden. Wir bitten Dich:
*Gemeinde: Herr, erhöre uns.*

Spr.1: Wir bitten Dich für die Kinder überall auf der Welt. Gib, daß sie Spielräume finden, wo sie toben können und sich ausprobieren. Gib, daß die Großen genügend Platz lassen, damit die Kleinen sich entfalten können. Wir bitten Dich:
*Gemeinde: Herr, erhöre uns.*

# Von der Schönheit des Alters

Familiengottesdienst

*Symbol: Eine Baumscheibe*

## Anmerkungen zu Planung, Vorbereitung und Verlauf

Der Gottesdienst richtet sich von der Thematik her zunächst an Seniorinnen und Senioren, ebenso aber auch an die Täuflinge und ihre Familien. Die ganze Gemeinde kann ihn mitfeiern.
Das **Symbol zum Meditieren und Mitnachhausenehmen** ist eine **Scheibe aus einem Baumstamm** (ca.8 cm Durchmesser, 1cm Dicke; evt. bei der Gärtnerei fragen; auch der alte Weihnachtsbaum eignet sich dazu).

## Verlaufsplan

**Klärungen**
Nachgefragt: Und wie alt fühlen Sie sich heute?
Lied: ...ganz frisch und neu (EG 440)
Gedicht: Herbsttag (R.M.Rilke)
Nachgedacht: Werd' ich noch jung sein, wenn ich älter bin?
Von den Mühen des Älterwerdens: Aus Pred. 12,1-7
Lied: Hilf, Herr meines Lebens (EG 419)

**Rede und Antwort**
*Zugesagt: Daß sie dich behüten auf allen deinen Wegen...*
*(Taufansprache zu Ps 91,11-12)*
*Nachgespürt: Von der Freude am Erwachen der Kinder*
Taufe
Lesung: Markus 10,35 ff
Tauflied: Nun schreib ins Buch des Lebens (EG 207)
*Zwischenruf: Werden wie die Kinder!*
Kanon: Der Himmel geht über allen auf (EG 611)

**Teilhabe und Gemeinschaft**
*Genau gesehen: Von der Schönheit des Alters*
*Zum Meditieren und Mitnehmen: Verteilen der Baumscheiben*
Gedicht: Ringe (R.M.Rilke)
Lied: Die güldene Sonne (EG 449, Str.8)

**Zurück in den Alltag**
*Fürbittgebet*
Vaterunser
Segen

## Nachgefragt: Und wie alt fühlen Sie sich heute morgen?

Das Thema dieses Gottesdienstes könnte zu Mißverständnissen Anlaß geben. Von der Schönheit des Alters: Geht es darum, im Alter schön zu bleiben? Oder darum, daß die letzte Lebensspanne *schön* sein kann?
Die letzte Lebensspanne...
Wann beginnt sie eigentlich? Ist man schon alt, wenn man sich nicht mehr traut, Skateboard zu fahren? Dann müßte ich mich bald dazuzählen. Ist man alt, wenn man graue Haare bekommt? Oder erst, wenn man in Rente geht? 65 Jahre als staatlich verordnete Altersgrenze? Ist man alt, wenn man nicht mehr arbeiten *kann*?
Ist man alt, wenn es soweit ist, daß der Pfarrer am Geburtstag zu Besuch kommt?
Ein chinesisches Sprichwort sagt: Das Alter beginnt, wo die Freude aufhört. Wenn man nicht mehr in der Lage ist, etwas schön zu finden und sich zu freuen, ist man alt. Endgültig.
Was ist man vorher?
Man ist so alt, wie man sich fühlt. – Und wie alt fühlen Sie sich heute morgen?

## Gedicht: Herbsttag

Herr: es ist Zeit. Der Sommer war sehr groß.
Leg deinen Schatten auf die Sonnenuhren,
und auf den Fluren laß die Winde los.
Befiehl den letzten Früchten voll zu sein;
gib ihnen noch zwei südlichere Tage,
dränge sie zur Vollendung hin und jage
die letzte Süße in den schweren Wein.

Wer jetzt kein Haus hat, baut sich keines mehr.
Wer jetzt allein ist, wird es lange bleiben,
wird wachen, lesen, lange Briefe schreiben
und wird in den Alleen hin und her
unruhig wandern, wenn die Blätter treiben.

*Rainer Maria Rilke*

**Nachgedacht: Werd' ich noch jung sein, wenn ich älter bin?**

Dieses Gedicht von Rainer Maria Rilke erzählt von den Schönheiten des Herbstes: Die letzten Früchte werden reif, überreif, schwer und süß. Ich besitze noch genügend Kraft, habe noch eine Menge Lebensmöglichkeiten, kann noch selbst das tun, was zu tun ist. Ich genieße die Langsamkeit, die sich in meinem Leben ausbreitet, genieße jeden anbrechenden Morgen, die Ruhe, die ich mir erlauben darf, vielleicht erlauben muß.

Mir vielleicht erlauben muß ...
Ich stelle mir das Alter nicht nur als sanftes Dahingleiten vor. Manchmal befällt mich auch die Angst vor dem Altwerden: Wie wird es wohl sein, wenn ich älter bin? Wird mich die Geschwindigkeit des Lebens überrollen? Werden mich bittere Erinnerungen einholen, verpaßte Gelegenheiten mich nicht loslassen, Fehler, die ich nicht mehr verbessern kann? Wie werde *ich* wohl sein, wenn ich älter bin? Wehrlos und griesgrämig, angewiesen auf andere, ruhelos, weil ich nichts mehr geben kann, nur noch nehmen muß, von denen, die für mich sorgen?

Auf diese Weise – eher pessimistisch – erlebt ein biblischer Zeuge im Alten Israel seinen letzten Lebensabschnitt. Wir hören aus dem Buch des Predigers Salomo das 12. Kapitel.

**Von den Mühen des Älterwerdens. Aus Prediger 12,1-7**

Denk an deinen Schöpfer in deiner Jugend, ehe die bösen Tage kommen, und die Zeiten sich nahen, da du wirst sagen: Sie gefallen mir nicht. Ehe die Sonne und das Licht, Mond und Sterne finster werden, und Wolken wiederkommen nach dem Regen. Zur Zeit, wenn die Hüter des Hauses zittern, und die Säulen sich krümmen, und müßig stehen die Müllerinnen, weil es so wenige geworden sind. Wenn man sich vor Höhen fürchtet, und sich ängstigt auf dem Wege.
Denn der Mensch fährt dahin, wo er ewig bleibt, und die Klageleute gehen auf der Gasse umher, ehe noch der Eimer zerschellt an der Quelle, und das Rad zerbricht und in den Brunnen fällt.
Denn der Staub muß wieder zur Erde kommen, wie er gewesen ist, und der Geist geht zurück zu Gott, der ihn gegeben hat.

## Zugesagt: Daß sie dich behüten auf allen deinen Wegen...

*(Taufansprache zu Ps 91,11-12)*

Gott hat seinen Engeln befohlen, daß sie dich behüten auf allen deinen Wegen, daß sie dich auf Händen tragen, und dein Fuß nicht an einen Stein stoße...
Diesen Vers aus dem 91.Psalm habt Ihr, die Eltern, für NN (Namen des Täuflings nennen) ausgewählt. Zunächst einmal sind es ja nicht Gottes Engel, sondern ganz leibhaftig Ihr, die Eltern, Paten, Großeltern und Freunde, die NN auf Händen tragen werden. Die später dafür sorgen, daß sie sich nicht stößt und stolpert, wenn sie die ersten Schritte tut.
Ich weiß nicht, wie es *Euch* geht. Aber manchmal, wenn ich ein kleines Kind beobachte, dann geht mir die Frage durch den Kopf: Was wird die wohl mal für ein Mensch, wenn sie so 15 oder 20 ist?
Wenn ich versuche, mir das auszumalen, merke ich, daß es meine Vorstellungskraft übersteigt: Zu ungenau sind die Eigenarten des Kindes noch, zu vage sind die Charakterzüge. Sie bilden sich gerade erst heraus.
Auch wenn man es sich nicht vorstellen kann: Dieses Kind wird den Weg durch die Zeit gehen, wie ihn alle Menschen gehen: Es wird wohl selber Kinder haben, wird 30 Jahre, wird 50, wird alt, wenn alles gutgeht. Daß Gott es behütet auf diesem langen Weg, auf allen seinen Wegen, verheißt der Vers, den Ihr zur Taufe ausgesucht habt: Gott hat seinen Engeln befohlen, daß sie dich behüten auf allen deinen Wegen. Seine Engel sollen dich tragen, daß dein Fuß nicht an einen Stein stoße.

## Nachgespürt: Von der Freude am Erwachen der Kinder

Je älter man ist, desto mehr bewundert man die Kinder, desto mehr beneidet man sie vielleicht auch: Wenn man zum Beispiel feststellt, daß die Haare langsam aber stetig an Zahl abnehmen – dann freut man sich an einem kahlen Kopf, wie dem von NN, auf dem die Haare noch in Hülle und Fülle wachsen werden. Wenn man spürt, wie der Körper immer unbeweglicher und steifer wird, dann bewundert man die unverbrauchte Elastizität, die Geschmeidigkeit, mit der sich ein Kind bewegt. Wenn die Sehschärfe nachläßt, weil man die Dinge schon in und auswendig kennt – 1000 mal und mehr schon hat man sie gesehen – dann freut man sich an den Augen, die gerade erst anfangen, zu unterscheiden, etwas aufzunehmen – und sich noch über die Dinge wundern können.
Hört, was Jesus über die Kinder sagt. *(Lesung: Mk 10,35 ff)*

## Zwischenruf: Werden wie die Kinder!

Wenn Ihr nicht werdet wie die Kinder...
Jesus könnte gemeint haben:

Lernt, mit den Augen der Kinder zu sehen: Lernt zu entdecken, wie auf den sattsam bekannten Bildern, in den tausendfach geprüften Ansichen doch Neues aufscheint, und Gottes Reich anbricht.

Lernt, mit den Augen der Kinder zu sehen: Lernt zu entdecken, wie in den alten Melodien und in den überlieferten Worten doch Neues aufklingt, und Gottes Wort zu den Menschen kommt.

Lernt, mit den Augen der Kinder zu sehen: Lernt zu erspüren, wie sich in der Starre des Bestehenden, im unterschiedslos sich Wiederholenden *doch* etwas bewegt, und das Leben neue Knospen treibt.

Werdet wie die Kinder:
Lernt, im Altbekannten das Neue zu entdecken, den feinen Unterschied zum Vorherigen, den Gott in jedes Geschehnis, in jeden Augenblick hineinlegt.

## Genau gesehen: Von der Schönheit des Alters

Werdet wie die Kinder ...

Es scheint, als würde diese Aufforderung Jesu in unserer Kultur weitgehend mißverstanden – in dem Sinne: *Bleibt jung* wie die Kinder!
Schön ist bei uns nur das Neue, das Junge. Schön sind die Gutgepflegten und Sportlichen, die Draufgänger und Erfolgreichen. Schön sind die Makellosen mit straffer Haut und fülligem Haar.
Martin Luther hat einmal gesagt: Gott handelt an uns wie ein Holzschnitzer. Anfangs hat er einen glatten Block Holz vor sich. Indem er von dem Holz wegnimmt, fördert er das Bild, das ihm vorschwebt. So muß Gott viel von uns wegnehmen und schnitzen, bis wir dem Bild entsprechen, das er haben will.
Die Schönheit des Alters sehen, das heißt: das Bildnis, das Gesamtkunstwerk erkennen, das Gott aus einem Menschen macht. Da sind Falten und Runzeln keine Katastrophe mehr, sondern Linien, lebendige Jahresringe, die Gott in unsere Gesichter zeichnet. Da sind Enttäuschungen und Leid keine

Schicksalslaunen, die sinnlos unsere Lebenskraft verbrauchen, sondern Begegnungen mit Gott, in denen er seine Spuren in unsere Seele eingräbt und unseren Charakter formt. Da sind die Erfahrungen, von denen wir – je älter, je mehr – zu erzählen wissen, keine alten Kamellen, sondern ein Stück der Geschichte Gottes, die er durch unser Dasein erzählt.
Altes, lange Gewachsenes ist ein Kunstwerk Gottes, in seiner je unverwechselbaren Gestalt, mit seinem eigentümlichen Reiz. Bei manchen Dingen haben wir davon noch eine Ahnung aufbewahrt: Ein Fachwerkhaus mit seinen schiefen Mauern, seinen Nischen und verschwiegenen Ecken weckt in uns Gefühle von Geborgenheit. Ein uralter Baum mit seinem mächtigen Stamm und seiner hochwachsenden Krone flößt den Menschen von jeher religiösen Respekt ein.

Von der Schönheit des Alters ...
Daran sollen die Baumscheiben erinnern, die wir jetzt an Sie verteilen...
*(Evtl. aufmerksam machen auf rauhe Rinde, hellen Kern, Jahresringe; dann: Verteilen der Baumscheiben)*

**Zum Meditieren und Mitnehmen: Baumscheiben**
*Senioren verteilen die Baumscheiben an die Teilnehmerinnen und Teilnehmer.*

**Gedicht: Ringe**

Ich lebe mein Leben in wachsenden Ringen,
die sich über die Dinge ziehn.
Ich werde den letzten vielleicht nicht vollbringen,
aber versuchen will ich ihn.
Ich kreise um Gott, den uralten Turm,
und ich kreise jahrtausendelang;
und ich weiß noch nicht: bin ich ein Falke, ein Sturm
oder ein großer Gesang.

*Rainer Maria Rilke*

**Fürbittgebet**

Spr. 1: Herr, unser Gott,
Du schenkst uns das Leben und erhältst uns. Wir kommen zu Dir und beten:
*Alle: Herr, erhöre uns!*

Spr.2: Wir bitten Dich für die Kinder und Jugendlichen, daß sie auch nach uns eine Welt vorfinden, in der sie die Luft noch atmen, das Wasser noch trinken und das Leben noch genießen können. Wir kommen zu Dir und beten:

*Alle: Herr, erhöre uns!*

Spr.1: Wir bitten Dich für die Alten, daß sich in ihrem Gemüt die Unternehmungslust und die Leidenschaft hält, die Zuneigung und die Freude an dem, was sie erleben und tun. Wir kommen zu Dir und beten:

*Alle: Herr, erhöre uns!*

Spr.2: Wir bitten Dich für Junge und Alte, daß die Generationen den Kontakt zueinander nicht verlieren, sondern Interesse aneinander behalten, einander erzählen, einander zuhören und einander beistehen im Leben und im Sterben. Wir kommen zu Dir und beten:

*Alle: Herr, erhöre uns!*

Spr.1: Herr, unser Gott, wir bitten Dich: Hilf denen, die mitten im Leben stehen, die Welt so zu gestalten, daß Ausbeutung und Krieg ein Ende haben und die Menschen in Frieden leben können. Wir kommen zu Dir und beten:

*Alle: Herr, erhöre uns!*

## Sie haben die Wahl –

Familiengottesdienst mit Taufe

*Symbol: Ein gläserner Wassertropfen*

## Anmerkungen zu Vorbereitung, Planung und Verlauf:

Das **Symbol zum Meditieren und Mitnachhausenehmen** ist ein kleiner, gläserner **Wassertropfen**, der an jeweils verschiedenfarbigen Stickgarnfäden befestigt ist. Beim Beschaffen ist vielleicht ein Porzellan-, Glas- oder Geschenkartikelgeschäft am Ort behilflich. Bestellen kann man sie beim HACH-Versandhandel, 64400 Groß-Bieberau.

## Verlaufsplan

**Klärungen**
*Nachgefragt: Was darf es sein?*
Lied: Du hast uns, Herr, gerufen (EG 168)
*Erzählt: Vom Esel zwischen zwei Heuhaufen*
*Nachgedacht: Von der Anstrengung zu wählen*
*Streck deine Hand aus und wähle! Aus Jesus Sirach*
Lied: Hilf Herr, meines Lebens (EG 419)

**Rede und Antwort**
*Zwischenruf: Auserwählt*
Lied: Ich bin getauft auf Deinen Namen (EG 200,1.2.4)
Kraft und Mut – Psalm im Wechsel (Ps 27/EG 778)
Taufe
Kanon: Ich will den Herren loben (EG 335)

**Teilhabe und Gemeinschaft**
*Zugesagt: Gott wählt dich und mich*
*Zum Meditieren und Mitnehmen: gläserne Wassertropfen*
Lied: Ich möcht, daß einer mit mir geht ... (EG 209)

**Zurück in den Alltag**
*Fürbittgebet*
Vaterunser
Segen
Lied: Ein Schiff, das sich Gemeinde nennt... (EG 604)

## Nachgefragt: Was darf es sein?

Sie haben die Wahl:
Was darf's denn sein?
Drei Sorten Brot am Frühstückstisch
und fünf Sorten Aufstrich.
Zwölf Programme nach Viertelnachacht
oder achtzehn oder fünfundzwanzig – je nach Empfang.

Sie haben die Wahl
zwischen drei Dutzend Automarken,
unzähligen Duftnoten für die Körperhygiene,
die Wahl zwischen 42 cm Praktischen Ärzten,
eng untereinandergedruckt im Adressbuch,
und exakt 26 Kinderarztpraxen in unserer Stadt.

Sie haben die Wahl.
Was darf es sein?
Schokolade – Plätzchen – Pralinen,
Müsliriegel – Möhrengläschen aus kontrolliertem Anbau,
Cola, Bier und fair gehandelter Kaffee,
zehn Ziffern auf dem Display ihres Telefons,
aber zwanzig Arten, einen Anrufbeantworter anzuschließen.
Sie haben die Wahl.

Die Freiheit, zu wählen
ist einer der wichtigsten Motoren unserer Wirtschaft.
Und wohl eines der höchsten Güter unserer Zivilisation.

## Erzählt: Vom Esel zwischen zwei Heuhaufen

Es war einmal ein Esel. Der stand genau auf der Mitte zwischen zwei Haufen feinsten Heus. Als er Hunger bekam, schaute er erst zum linken. Dann zum rechten. Dann wieder zum linken. Von welchem sollte er fressen? Eine schier unlösbare Wahl.
Er dachte hin. Er dachte her. Bewegte sich wohl auch einmal in die eine Richtung. Dann in die andere. Und war einfach nicht in der Lage, sich zu entscheiden.

Schließlich fand ihn der Bauer – verhungert. Verhungert zwischen zwei Heuhaufen!

## Nachgedacht: Von der Anstrengung zu wählen

Wir haben die Wahl. Aber wir müssen uns auch entscheiden. Wenn wir es nicht tun, so geht es uns wie dem Esel: Unser Leben verarmt inmitten einer Fülle ungenutzter Möglichkeiten.
Wir müssen uns entscheiden. Und unser Leben ist durchsetzt mit Entscheidungssituationen. Praktisch alles im Leben steht heutzutage praktisch täglich zur Disposition.
Welche Hose, welche Mode, welche Ernährung?
Was soll man lernen? Was lesen? Wo zuhören? Wo wegsehen?
Auf welche Weise bleibt man gesund – und nicht selten: Auf welche Weise macht man sich krank?
Was soll man glauben? Woran zweifeln? Welche Partei soll man wählen? Welchen Partner? Welchen Presbyter? – Welche Kirche überhaupt! Ja: Welche Religion?!
Dieser permanente Entscheidungsdruck ist möglicherweise der härteste Stress, dem wir heutzutage standhalten müssen. Wir suchen nach Richtlinien, die uns die Entscheidung erleichtern. Nach allgemeingültigen Kriterien, um nicht jedesmal alles von Grund auf abwägen zu müssen. Wir vertrauen uns Fachleuten an, von denen wir hoffen, daß sie die Dinge besser beurteilen. Und mancher hängt sich resigniert an einen Guru, der ihm das mühselige Geschäft der freien Entscheidung vollständig abnimmt. Einen gesunden Mittelweg schlägt der alttestamentliche Weise Jesus Sirach vor.

## Streck deine Hand aus und wähle!

Sag nicht: Meine Sünde kommt von Gott.
Denn was Gott haßt, das tut er nicht,
und er hat keine Freude an schlechten Menschen.
Unrecht und Geldgier haßt der Herr.
Alle, die ihn fürchten, bewahrt er davor.
Am Anfang hat er den Menschen geschaffen
und ihm die Macht der eignen Entscheidung überlassen.
Er gab ihm Weisung und Rat, um Richtung zu finden.
Wer will, kann das Gebot Gottes halten
und seinen Willen tun in Treue.

Feuer und Wasser sind vor dich hingestellt, Mensch,
streck deine Hand aus nach dem, was dir gefällt.
Leben und Tod hast du vor dir,
und was du erstrebst, wird dir einst zuteil.
Wähle, was dir geeignet erscheint,
dein Leben reich zu machen.

(nach Jesus Sirach 15,11–20)

**Zwischenruf: Auserwählt**

Wir haben die Wahl. Wir müssen auswählen. Aber wir bemühen uns auch, ausgewählt zu *werden.*
Geschäfte, Handwerker, Ladenketten und Dienstleistungsunternehmen setzen alles daran, daß man sich unter den vielen Möglichkeiten für *sie* entscheidet, ihr Produkt, ihr Angebot. Wer sich heute auf eine Stelle bewirbt oder eine Wohnung sucht, muß es irgendwie hinkriegen, daß unter hundert Mitbewerbern die Wahl ausgerechnet und genau auf ihn fällt. Wer es schafft, der fühlt sich wie erlöst: Ich bin ausgewählt.
Auserkoren, um vieleicht ein altmodisches Wort zu bemühen, das ist einfach ein tolles Gefühl.

Ich erinnere mich noch an die erste Liebe. Das war ein geradezu unglaubliches Erlebnis, daß sich da ein Mädchen unter all den Bengels auf dem Pausenhof ausgerechnet für mich interessierte. Das hat mich wochenlang, monatelang in Überschwang versetzt: daß da jemand etwas an mir entdeckt, was liebenswert ist, interessant, geheimnisvoll sogar! Und plötzlich entdeckte ich mich ganz neu. Selbstbewußt hat mich das gemacht, souverän, großzügig. Vielleicht auch ein bißchen großmäulig. Aber immerhin: So wie ich bin, bin ich o.K.! Einfach irre!
Dieses Gefühl ist immer wieder einmal zu mir zurückgekommen. Bei meiner Heirat. Auch bei der Wahl auf die Pfarrstelle hier. Und wann sonst noch. Es ist ein wichtiges Gefühl für mich. Ich bin für jemanden von Bedeutung. Ich bin – so wie ich bin – an bestimmten Stellen nicht austauschbar. Ich kann *ich* sein.

Allerdings kann ich mich auch leicht von der Bestätigung durch andere abhängig machen. Dann setze ich alles daran, um Aufmerksamkeit zu erregen. Ich kontrolliere mein Gesicht, meine Meinung, meine Sprache, um bei anderen Zustimmung zu wecken. Ich straffe Haltung und Haut, um mit 65 noch so begehrenswert zu scheinen, wie mit 35, mit 35 noch wie mit 17.

Unabhängig bleiben vom Urteil anderer – dabei hat mir die Botschaft Jesu geholfen, wenn es drauf ankam: Die Botschaft, daß es einen gibt, der mich komplett bejaht, so wie ich bin und wo immer ich auskomme. Einen, der versteht, der meine Geschichte kennt, und nachvollziehen kann, warum ich so geworden bin, wie ich bin – und nicht anders. Mindestens dieser eine ist da, für den mein Leben unaustauschbare Bedeutung hat. Mindestens diesen einen gibt es, für den es ein Verlust wäre, wenn es *mich* nicht gäbe.
Um uns an *den* zu erinnern, bringen wir unsere Kinder. Um ins Leben zu holen, daß Jesus Ja sagt zu einer jeden und einem jeden von uns, taufen wir sie in seinem Namen. Um sichtbar und wirklich zu machen, daß wir einzigartig sind in seinen Augen, erwählt, auserwählt, nennen wir ihre Namen vor dem Angesicht Gottes.

**Zugesagt: Gott wählt dich und mich**

Taufe bedeutet also: Gott wählt dich.
Nur: Ist das denn noch etwas besonderes? Es sind ja praktisch alle getauft! Schließlich möchte ich etwas ganz Spezielles für mich haben, was mich vor allen anderen sichtbar auszeichnet. Daran könnte ich merken, daß Gott *mich* auserwählt hat!

Das scheint der typisch menschliche Fehler zu sein. Man denkt immer von anderen Menschen her, vergleicht sich mit ihnen, und macht die eigene Identität an dem fest, was man der Masse voraus hat.
Aber wenn ich getauft bin, soll ich von Gott her denken. Und wozu das menschliche Herz einfach zu klein ist: Bei Gott ist es möglich. In Seinem Herzen ist Platz für alle. Er kennt jeden und jede von uns und begleitet uns von Anfang an. Er erkennt uns und versteht uns bis ins Mark. Getauft und erwählt – das hat für uns etwas Höchstpersönliches: Ich darf mich von Gott bedingungslos geliebt fühlen, getragen und bejaht. Stört es mein Selbstbewußtsein noch, daß der Mensch neben mir das auch darf? In Gottes Herz ist Platz für Liebe zu jedem einzelnen.
Zur Erinnerung daran, zur Erinnerung an die Taufe habe ich heute morgen eine Menge gläserner Wassertropfen mitgebracht...

**Zum Meditieren und Mitnehmen: gläserne Wassertropfen**
*Kinder verteilen die gläsernen Wassertropfen an die Teilnehmerinnen und Teilnehmer.*

**Fürbittgebet**

Herr, unser Gott – Du hast versprochen, uns zu hören, wenn wir zu dir rufen. Daher beten wir jetzt zu Dir:
*Alle: Herr, erhöre uns.*

Wir denken an die Menschen, die *keine* Wahl haben, weil es sie nach ganz unten verschlagen hat; an die Menschen, denen die Zukunft wie vernagelt vorkommt, weil sie Arbeit, Familie oder den Halt an sich selbst verloren haben; an die Menschen, denen sich die Welt verengt auf einen winzigen Ausschnitt, weil sie abhängig sind von der Droge, Alkohol, Erfolg, Liebe, Arbeit. Wir bitten für sie und rufen:
*Alle: Herr, erhöre uns.*

Wir denken an die Gemeinden, die heute die Wahl haben, und denken an die, die sich für ein Amt zur Wahl stellen. Wir sind wahlmüde und ohne Illusion. Wir bitten Dich, daß trotz unserer Müdigkeit etwas wächst, das deine Gemeinde weiterbringt und stärkt, für andere dazusein, wie Jesus Christus unser Herr.
So beten wir zu Dir und rufen:
*Alle: Herr, erhöre uns*

Wir bitten Dich für alle, die uns regieren, weil wir sie gewählt haben: Kanzler, Präsidenten, Bürgermeister, Parlamente. Bitten Dich mehr noch für die, die wir nicht wählen konnten: Konzernchefs, Vorstandsvorsitzende, Aufsichtsräte. Daß sie der Verantwortung, die sie für das Leben und Zusammenleben der Menschen tragen, gerecht werden. Wir bitten für sie und rufen:
*Alle: Herr, erhöre uns!*

# „Ich habe Dich bei Deinem Namen gerufen" –
## Jugendgottesdienst mit Taufe
*Symbol: Daumenabdruck im Tonkreuz*

## Anmerkungen zu Planung, Vorbereitung und Verlauf

Das **Symbol** zum Meditieren ist ein großes **Kreuz** (ca.50 x 50 cm) aus rohem, **feuchten Ton**, das auf dem Altar bereitliegt. In diesem Kreuz hinterlassen die Teilnehmerinnen und Teilnehmer ihren Fingerabdruck. Am Altar erhalten sie ein **Medaillon** (ca. 4 cm Durchmesser, 7 mm dick) aus feuchtem Ton, auf dessen Vorderseite ein Kreuz eingeritzt ist. Der Rückseite prägen die Teilnehmerinnen und Teilnehmer ebenfalls ihren Fingerabdruck ein. Das Medaillon ist zum Mitnachhausenehmen bestimmt.
Das große Kreuz kann man später brennen lassen und ggf. in einem der kommenden Gottesdienste im Gemeindesaal aufhängen. Für die beiden Täuflinge liegt zusätzlich ein kleineres Kreuz bereit, in das jeder, der will, noch einmal seinen Abdruck prägen darf – in erster Linie natürlich die Tauffamilien.
Damit er nicht vorzeitig aushärtet, bitte den Ton bis zum letzten Moment vor dem Gottesdienst feuchthalten (feuchte Tücher und Plastiktüte)!
Der Gottesdienst beschäftigt sich mit der Frage nach der eigenen Identität. Er eignet sich besonders für Jugendliche und Konfirmanden. Will man – wie vorgeschlagen – die Taufe in den Gottesdienst einbeziehen, liegt eine Konfirmandentaufe nahe.

## Verlaufsplan

**Klärungen**
*Nachgefragt: Was ist das Besondere an mir?*
Lied: Lobet den Herren ... (EG 447,1-3.6.7.)
Du, Herr, kennst mich... Psalm 139 im Wechsel (EG 759.1 u.2)
*Widerrede: Das Besondere an mir ist nichts Besonderes*
Lied: Hilf, Herr meines Lebens ... (EG 419)
*Aufgemuntert: Machen Sie etwas Besonderes aus sich...*
*Lied: Vergiß es nie (Du bist du) (siehe S. 42)*

**Rede und Antwort**
*Nachgedacht: Wenn niemand mich mehr ruft...*
Taufe
Lied: Es kennt der Herr die seinen ... (EG 358)
*Zwischenruf: Wenn Gott ruft ...*

**Teilhabe und Gemeinschaft**
*Lied: Alle Eure Sorgen...*
*Einladung: Ans Kreuz tragen*
*Zum Meditieren und Mitnehmen: Verteilen der Kreuzmedaillons*
*Liedstrophe: All eure Sorgen ... (Str. 1)*

**Zurück in den Alltag**
*Fürbitten*
Vaterunser
Segen

## Texte

### Nachgefragt: Was ist das Besondere an mir?

Ich habe dich bei deinem Namen gerufen ...
Habt ihr das auch schon mal erlebt: Jemand ruft euren Namen – Hans, Klaus, Heike! Ihr dreht euch um, ruft womöglich noch Ja! – aber da ist keiner, der euch anguckt. Keiner will etwas von euch. Es war nämlich zufällig gerade ein anderer Hans, eine andere Heike in der Nähe, und *die* war gemeint. Nicht ihr.

Wenn mir so etwas passiert, ist es mir immer peinlich. Wie konnte ich nur vergessen, daß ich nicht der einzige auf der Welt bin, der so heißt! Mein Name ist nichts einzigartiges. Viele andere tragen ihn auch.

Was ist dann das Einzigartige an mir? Was ist es, das mich von allen anderen unterscheidet, was mich hervorhebt aus der Masse von über fünf Milliarden Menschen?

### Widerrede: Das Besondere an mir ist nichts Besonderes

Spr. 1: Was ist das Besondere an mir?
Spr. 2: Es ist nicht mein Name –
viele heißen so.
Spr. 1: Es ist nicht mein Gesicht –
es ist eines unter vielen.
Spr. 2: Es ist nicht mein Geburtsdatum –
Tausende von Menschen sind am gleichen Tag geboren.

Spr. 1: Es ist nicht meine Stimme –
wer hört mich schon im Lärm der Stadt?

Spr. 2: Es ist nicht mein Wissen und Können
andere arbeiten im selben Beruf wie ich.

Spr. 1: Es ist nicht mein Auto, mein Haus, meine Kleidung.

Spr. 2: Es ist: der bloße Abdruck meines Fingers.

Spr. 1: Es ist: das Muster meiner Haut, mehr nicht.

Spr. 2: Das unterscheidet mich vom Rest der Menschheit – aber läßt mich zugleich in der Belanglosigkeit zurück: Denn es ist nichts, was mich hervorhebt. Es ist nichts, worauf ich stolz sein kann, nichts, was mich unvergeßlich macht.

Spr. 1: Das Besondere an mir
*ist nichts Besonderes.*

**Aufgemuntert: „Machen Sie etwas Besonderes aus sich ...“**

Spr. 1: Das Besondere an mir – *ist nichts Besonderes.*

Spr. 2: Aber junger Mann! Das ist doch kein Grund, den Kopf hängen zu lassen!

Spr. 3: Machen Sie etwas Besonderes aus sich! In unserem Land muß keiner 'rumlaufen wie eine graue Maus!

Spr. 2: Also – erst einmal gehen Sie ins Haarstudio, und lassen sich die Frisur individuell durchstylen. Das macht doch schon was her!

Spr. 3: Dann brauchen Sie eine ganz extravagante Duftnote – hier: „Calypso for men“. – Einzigartig!

Spr. 2: Und natürlich nicht diese Hosen von der Stange! Designerjeans sind in, jede mit einer ganz persönlichen Note.

Spr. 3: Individuell sollten Sie auch Ihr Gesicht gestalten. Haben Sie schon mal daran gedacht, was eine Brille von Carlucci aus ihrem Gesicht machen kann?

Spr. 2: Was rauchen Sie? Eine Automatenmarke? Neinnein, viel zu banal. Warum überhaupt rauchen? Schnupftabak ist wieder groß im kommen. Es sollte schon etwas Ausgefallenes sein.

Spr. 3: Das gleiche gilt für die Wohnungseinrichtung, die Automarke, das Urlaubsziel – und natürlich Ihr Hobby.

Spr. 2: Wissen Sie, junger Mann: Das Besondere *hat* man eben nicht. Das Besondere *muß man sich zulegen.*

Spr. 1: Kann ich mir Persönlichkeit kaufen? Kann ich das Unverwechselbare an mir austauschen, anziehen und ablegen wie eine Maske? Oder verliere ich so mein Gesicht?

**Nachgedacht: Wenn niemand mich mehr ruft...**

Unverwechselbar bin ich nicht aus mir selbst heraus. Unverwechselbar werde ich allein durch andere, dadurch, daß andere Du zu mir sagen; daß ich, für einige wenige Menschen, einzigartig bin: für meine Kinder, meine Eltern, meine Freunde, meine Frau. Dadurch, daß *die* mich bei meinem Namen rufen und *allein mich* meinen, wenn sie ihn aussprechen, werde ich zu dem, der ich bin.
Aber was ist, wenn keiner meinen Namen mehr hören mag, weil es Streit gab? Was ist, wenn keiner meinen Namen mehr ausspricht, weil sich Freundschaften aufgelöst haben? Weil ich einsam bin oder alt – und die Menschen, an denen ich hänge, sind nach und nach weggestorben? – Was ist, wenn keiner mehr weiß, wer ich bin, wer ich war?

Selbst wenn sich niemand mehr an mich erinnert, selbst wenn ich für niemanden mehr wichtig bin: *Einer* kennt meinen Namen am Ende doch. *Einer* weiß noch genau, was es mit mir, ganz speziell mit mir auf sich hat. Ich habe Dich bei Deinem Namen gerufen, für mich bist Du wichtig. Ich beachte Dich, ich achte auf Dich. Du gehörst zu mir. Du bist mein.

**Zwischenruf: Wenn Gott ruft**

Gott ruft uns beim Namen – diese Vorstellung ist beim ersten Hören vielleicht schön. Aber sie kann auch mit Angst verbunden sein. Gott ruft ja nicht nur in den Ausnahmesituationen und Randbereichen unseres Lebens – sondern er ruft uns mitten im Alltag. Er sichert nicht nur meine Identität – er fordert mich auch, er beansprucht mich. In manchen Situationen nur mich – und niemanden anders.

Was für Menschen sind es, die sein Ruf trifft? Menschen mit Schwächen und Fehlern, mit dunklen Seiten und Menschen, die lange nicht immer da stehen, wo Gott sie haben will. Menschen, die lange nicht immer bereit sind, das zu tragen, was Gott ihnen zumutet. Menschen, die reden, wenn sie schweigen sollten, und schweigen, wenn sie für Gott oder für ihre Mitmenschen einstehen sollten.

Ich habe dich bei deinem Namen gerufen...
Wenn Gott meinen Namen ruft, dann geht es mir manchmal wie Adam: Der Herr rief: Adam, wo bist Du? Doch Adam antwortete nicht, und hielt sich versteckt ...

## Lied: All eure Sorgen

Text: Eckart Bücken
Musik: Oskar Gottlieb Blarr

All eure Sorgen heute und morgen bringt vor ihn,
bringt vor das Kreuz.
Ihr seid geborgen heute und morgen.
All eure Sorgen bringt vor ihn.

All eure Zwänge, Weite und Enge bringt vor ihn,
bringt vor das Kreuz.
Was euch bedränge, Weite und Enge,
all eure Zwänge bringt vor ihn.

All eure Fragen, Freuden und Klagen bringt vor ihn,
bringt vor das Kreuz.
Jesus wird tragen Freuden und Klagen,
all eure Fragen bringt vor ihn.

**Einladung: Ans Kreuz tragen**

All unsere Zwänge, all unsere Enge, alles, was uns Angst macht, was uns davon abhält, Gott unter die Augen zu kommen, können wir ans Kreuz bringen.
Jesus nimmt es an. Er trägt es. Er erträgt es. Er nimmt es uns ab und nimmt es auf sich. Damit hinterläßt jeder von uns eine Spur, einen unverwechselbaren Abdruck auf dem Kreuz Christi. *Seinen* Abdruck.
Doch weil Jesus unsere Enge und unser Versagen trägt, müssen wir uns nicht verkriechen, wenn Gott unseren Namen nennt. Unsere Spur auf dem Kreuz Christi – ein Zeichen dafür, daß wir Gott frei unter die Augen treten können, wenn er uns ruft. Ein Zeichen dafür, daß wir im Angesicht Gottes sein dürfen, wie wir sind.
All unsre Freuden und Klagen, – unsere Enge und Weite ans Kreuz bringen – dazu lade ich Sie und euch jetzt ein. Ich bitte Sie, nach vorne zu kommen, und einen Fingerabdruck auf dem Tonkreuz zu hinterlassen, das hier auf dem Altar bereitliegt. Auf dem Rückweg erhalten Sie ein rundes Medaillon, ebenfalls aus Ton. Es ist für Sie persönlich: Auf der einen Seite finden Sie ein Kreuz eingeritzt. In die Rückseite dürfen Sie Ihren eigenen Fingerabdruck prägen...

**Zum Mitnehmen und Meditieren: Kreuzmedaillons**
*Jugendliche verteilen die Kreuzmedaillons an die Teilnehmerinnen und Teilnehmer.*

**Fürbitten**

Herr, Du hast uns versprochen, zu hören, wenn wir zu Dir beten.
So kommen wir jetzt zu Dir und rufen:
*Alle: Herr, erhöre uns ...*

Wir bitten Dich für die Völker, die sich in Haß und Krieg verrennen, und die Stimmen derer ausblenden, die zum Frieden mahnen. Wir bitten Dich und rufen:
*Alle: Herr, erhöre uns ...*

Wir bitten Dich für unsere Kinder. Wir wollen ihnen von Anfang an Raum geben, ihre Meinung zu sagen und ihren Standpunkt zu vertreten. Wir bitten Dich und rufen:
*Alle: Herr, erhöre uns ...*

Wir bitten Dich für die, die sich nur noch um ihr eigenes Ich drehen. Die auf ihr Recht pochen und in ihren Mitmenschen das *Du* nicht mehr erkennen können. Wir bitten Dich und rufen:
*Alle: Herr, erhöre uns ...*

Wir bitten dich für die Unternehmer und Gewerkschaften: Daß sie sich nicht auf ihre eigenen Interessen versteifen, sondern das Wohlergehen aller im Auge behalten. Wir bitten Dich und rufen:
*Alle: Herr, erhöre uns ...*

Wir bitten Dich für die Politiker, daß sie sich an die Zeit erinnern, als sie selbst einmal zu den kleinen Leuten gehörten, für die sie heute regieren. Wir bitten Dich und rufen:
*Alle: Herr, erhöre uns ...*

Wir bitten Dich für die, die heute nicht unter uns sind, obwohl sie es gerne wollten – weil sie krank sind, auf Reisen oder sonstwie verhindert. Wir bitten Dich und rufen:
*Alle: Herr, erhöre uns ...*

Wir bitten Dich für die, die sich von der Kirche abgewendet haben, ob aus Bequemlichkeit oder wegen schlechter Erfahrungen. Bitte gib, daß sie an anderer Stelle lernen, was Dein Wille ist, und hören, wie barmherzig Du mit uns Menschen umgehst. Wir bitten Dich und rufen:
*Alle: Herr, erhöre uns ...*

# Von den Knotenpunkten auf meinem Lebensfaden

Familiengottesdienst

*Symbol: Wollfaden und Knoten*

## Anmerkungen zu Vorbereitung, Planung und Verlauf

Die Idee, die Gottesdienstteilnehmerinnen und -teilnehmer aus Wollfäden ein Netz knüpfen zu lassen, stammt aus einem Kirchentagsgottesdienst. Damals wurden die Wollfäden individuell gekennzeichnet, indem man Namensschildchen daran anbrachte. Im vorliegenden Entwurf werden die einzelnen Wollfäden dadurch unverwechselbar, daß die Teilnehmerinnen und Teilnehmer sie mit einem oder mehreren Knoten versehen – Symbol für die Knotenpunkte auf meinem Lebensfaden.
Als **Symbol zum Meditieren und Mitnehmen** erhalten die Besucherinnen und Besucher das apostolische Glaubensbekenntnis kopiert auf einer kleinen gelochten Karte. Durch das Loch wird ein kurzer **Wollfaden** gezogen und festgeknotet.
Zur technischen Vorbereitung: In den Seitenwänden des Kirchsaals werden sechs unauffällige Befestigungspunkte (Haken) installiert. Von dort hängen stabile Fäden herab, an denen man das im Gottesdienst geknüpfte Netz unkompliziert festknoten und hochziehen kann. Ein Faden wird mit dem im Gottesdienstraum vorhandenen Kreuz verbunden.

## Verlaufsplan

*Am Eingang: Verteilen der Wollfäden*

**Klärungen**
Lied: Auf und macht die Herzen weit...(EG 454, *Textvorschlag* s.u.)
*Erinnert: Wenn der Faden reißt*
*Nachgespürt: Risse und Schnitte*
*Hingesehen: Wo sind die Knotenpunkte auf* ***meinem*** *Lebensfaden?*
Musik zum Nachdenken
Lied: Befiehl Du Deine Wege ... (EG 361,1.2.4)
**Rede und Antwort**
*Fragen an Gott: Wozu?*
*Erzählt: Die Geschichte von den Fußspuren am Strand*
*Gebetet: „Dein Wort ist der rote Faden ..." Psalm im Wechsel (n.Ps.103)*
Kanon: Herr, wohin sollen wir gehen? (EG 261)

**Teilhabe und Gemeinschaft**
*Zwischenruf: An Knoten läßt sich anknüpfen*
Knüpfen des Netzes (dazu Musik: *Friedensnetzlied*)
Verankern des Netzes

*Lied: Friedensnetz*
*Festgemacht: Die Bedeutung des Netzes*
*Zum Meditieren und Mitnehmen: Credo-Karten*
Gemeinsames Credo
Lied: Ich lobe Dich von ganzer Seele (EG 250)

**Zurück in den Alltag**
*Fürbittgebet*
Vaterunser
Segen

## Texte

### Erinnert: Wenn der Faden reißt

Gottes Band umfaßt die Welt. Seine Hand mein Leben hält...
So sicher, wie es in dem Lied ist, ist uns das lange nicht immer. Im Gegenteil: Es gibt Zeiten, da scheint es, als wäre das Band unseres Lebens zum Zerreißen gespannt. Und wohl alle von uns haben es schon erlebt, wenn der Geduldsfaden reißt. Oder die Nerven. Wenn die Glückssträhne abreißt, wenn zwei Freunde sich trennen, zwei Ehepartner gar. Wenn es einen Schnitt gibt – mitten durch meine Lebensgewohnheiten, einen Riß mitten durch mein Leben hindurch.

### Nachgespürt: Risse und Schnitte

*(Die Sprecher bzw. Sprecherinnen schneiden bei jedem Satz für alle gut sichtbar ein Stück von einem Wollfaden ab)*

Spr.1: Meine Eltern trennen sich.
Spr.2: Mein kleiner Bruder wird geboren.
Spr.1: Ich hatte einen schweren Unfall und habe lange im Krankenhaus gelegen.
Spr.2: Wir sind umgezogen.
Spr.1: Endlich habe ich eine Freundin kennengelernt.
Spr.2: Meine Oma ist gestorben.
Spr.1: Ich muß auf eine andere Schule.
Spr.2: Ich habe Streit mit meinen Klassenkameradinnen. Keine redet mehr mit mir.
Spr.1: Ich bekomme ein eigenes Zimmer.

Spr.2: Mein Vater ist von Zuhause ausgezogen.

*(Dann tritt eine Jugendliche nach vorne und knüpft in ein bereitgelegtes Springseil für alle gut sichtbar einen Knoten.)*

## Hingesehen: Wo sind die Knotenpunkte auf *meinem* Lebensfaden?

Es braucht Zeit, bis ein Knoten die gerissenen oder zerschnittenen Fäden wieder verbindet. Und wieder eine lange Zeit braucht es, bis der Knoten im Faden so straff gezogen ist, daß man ihn kaum noch sieht. Dann ist der Riß geheilt. Aber wenn man mit dem Finger über den Faden fährt, spürt man den Knoten doch. Es bleibt eine Erinnerung, eine Narbe, ein Knotenpunkt auf meinem Lebensfaden.

Wo liegen die Knotenpunkte auf meinem Lebensfaden? Wo auf Ihrem? Können Sie sich erinnern? Sie alle haben am Eingang einen Wollfaden bekommen. Lassen Sie den Wollfaden einmal durch Ihre Finger gleiten. Dann machen Sie einen Knoten in Ihren Faden. Oder mehrere. Für die Ereignisse, die Ihr Leben geprägt haben und Ihnen jetzt in den Sinn kommen.

## Fragen an Gott: Wozu?

Knotenpunkte auf meinem Lebensfaden – in der Erinnerung, im Rückblick ist alles nicht mehr als ein kleiner Widerstand zwischen Daumen und Zeigefinger *(zeigen)*.
In der Situation selbst, wenn es *mich knotet*, wenn es mich krümmt und verreißt, wenn es mein Rückgrat fast bricht, wenn es mich zerrt und einzwängt, daß mir die Luft wegbleibt, wenn es mich einspannt und festzurrt, wie ich es nicht will – in der Situation selbst – kommt mir oft die Frage: Wozu?
Muß das alles sein? Warum hat Gott den Menschen nicht simpler geschaffen? Warum hat er das Leben nicht so eingerichtet, daß es ohne Schmerz vorübergeht? Ein makellos glatter Faden – wäre *das* nicht der Mensch nach Gottes Ebenbild?
Warum läßt Gott zu, daß so Schlimmes geschieht? Gibt es ihn überhaupt, wenn es mir übel ergeht?

**Erzählt: Die Geschichte von den Fußspuren am Strand**

Es war einmal ein Mann, der träumte, daß er mit dem lieben Gott am Strand entlang wandere. Über den beiden leuchtete blau der Himmel, vor ihnen rauschte das Meer. Hinter ihnen waren ihre Fußspuren im Sand zu sehen, und je länger sie gingen, desto länger wurde die Spur.
Schließlich kam der Mann an das Ende seines Lebens. Da blickte er noch einmal zurück auf den Weg im Sand. Merkwürdig: Oft war da nur die Spur eines einzelnen Wanderers zu sehen. Und zwar immer in *den* Zeiten seines Lebens, die ihm als besonders schwer und trostlos in Erinnerung geblieben waren.
Darüber geriet er ins Nachdenken. Schließlich faßte er sich ein Herz. Er sagte zu Gott: „Als ich mich seinerzeit auf den Weg machte, hast Du mir versprochen, mir jederzeit beizustehen. Aber wenn ich zurückschaue, finde ich in den dunklen Zeiten meines Lebens nur *eine* Fußspur im Sand. Warum hast Du mich ausgerechnet *da* im Stich gelassen, wo ich Dich am nötigsten gebraucht hätte?"
Da antwortete Gott: „Mein Kind – ich würde Dich nie allein lassen. Schau nur genau hin: Die einzelne Spur, die Du da und dort siehst, ist nicht Deine, sondern *meine*! In den Zeiten, in denen Du Dich allein gelassen fühltest, habe ich Dich getragen!

Da, wo ich glaube: Ich muß alleine durch;
da, wo ich frage *wozu?* – und zweifle, ob es Gott überhaupt gibt –
da ist er mir auf besondere Weise nah:
*Er* trägt. *Er* knüpft an mein Band an, wo es gerissen ist,
und verknüpft es wieder mit dem Leben ringsum.

**Gebetet: Dein Wort ist der rote Faden... (Psalm i.Wechsel)**

Lobe den Herrn, meine Seele
und was in mir ist seinen heiligen Namen.
  Lobe den Herrn, meine Seele,
  und vergiß nicht, was er dir Gutes getan hat.
Du, Herr, errettest mich aus den Stricken,
in denen ich mich verfangen habe,
und ich bin frei.
  Du hältst meines Daseins Spanne
  wie eine Schnur in Deiner Hand.

Dein Zorn ists, wenn ich zerreiße,
läßt Dein Wille nach, so wird mein Leben schlaff.
  Doch auf Dich, Herr, hoffe ich in allem.
  Du kennst meinen Namen, darum stehst Du mir bei.
Deine Gebote sind wie ein leuchtender Pfad in der Dunkelheit,
wie der Faden, der sich nie verliert, ist Deine Weisung.
  Dein Wort ist wie ein buntes Band, um den Erdkreis gelegt,
  und gibt Halt allem, was lebt.
Ehre sei dem Vater und dem Sohn
und dem heiligen Geist,
  wie es ward im Anfang jetzt und immerdar
  und von Ewigkeit zu Ewigkeit.
Amen.

*(Nach Ps 103)*

**Zwischenruf: An Knoten läßt sich anknüpfen**

„Ein Sprung bedeutet: Zuwachs an Schönheit.
Er hebt den Wert einer Form durch den Gebrauch."

*Chinesisches Sprichwort*

Knoten machen einen Faden erst interessant. Die Spuren, die das Leben im Gesicht eines Menschen hinterläßt, in seiner Seele, in seiner Biographie – machen aus ihm etwas Besonderes. Nicht das Makellose ist schön, nicht das Glatte ist Gottes Ebenbild. Schön ist der Mensch, der ist, wie er eben geworden ist.
Und noch etwas: An einem glatten Faden rutsche ich leicht ab. An einem Faden mit Knoten bleibe ich eher hängen. Er gibt mir Widerstand, und macht es mir leichter, an ihn anzuknüpfen. Ja, es kommt mir so vor, als wären die Knoten auf unserem Lebensfaden die Anknüpfungspunkte für andere und machten uns erst zu sozialen Wesen.
Schauen Sie Ihren Faden an. So mancher wird daran anknüpfen wollen, wenn wir jetzt versuchen, aus all unseren Fäden ein Netz zu weben...

*(Es folgt die Einladung zum Netzknüpfen. Wichtig dabei ist der Hinweis, daß die Teilnehmer nicht am Ende eines anderen Fadens anknüpfen dürfen, sondern in etwa auf der Mitte. Knüpft man am Ende an, so entsteht lediglich eine überlange Schnur.)*

## Lied: Friedensnetz

Text: Hans-Jürgen Netz
Musik: Peter Janssens
aus: Ich suche einen Sinn

1. Jeder knüpft am eignen Netz, versucht rauszuholen, was zu holen ist. Wer denkt da an Frieden, wer denkt an Shalom. Wer denkt da an Frieden, wer denkt an Shalom.

Refrain: Wir knüpfen aufeinander zu, wir knüpfen aneinander an, wir knüpfen miteinander, Shalom, ein Friedensnetz. Wir knüpfen aufeinander zu, wir knüpfen aneinander an, wir knüpfen miteinander, Shalom, ein Friedensnetz.

2. Jeder fängt ins eigne Netz, versucht einzufangen, was zu fangen ist. Wer denkt da an Frieden, wer denkt an Shalom? Wer denkt da an Frieden, wer denkt an Shalom?

Refrain: Wir knüpfen ...

3. Einer hängt im fremden Netz, versucht noch zu retten, was zu retten ist. Er denkt an den Frieden, er denkt an Shalom. Er denkt an den Frieden, er denkt an Shalom.

Refrain: Wir knüpfen ...

4. Wir zappeln im alten Netz, versuchen zu tragen, was zu tragen ist. Wir suchen den Frieden, wir suchen Shalom. Wir suchen den Frieden, wir suchen Shalom.

Refrain: Wir knüpfen ...

5. Wir knüpfen ein neues Netz, verbinden, was für Frieden ist. Wir bringen den Frieden, wir bringen Shalom. Wir bringen den Frieden, wir bringen Shalom.

Refrain: Wir knüpfen ...

## Festgemacht: Die Bedeutung des Netzes

Wir haben aus unseren Fäden ein Netz geknüpft. Ein haltbares Netz sogar, ein tragfähiges. Aber *selber* – tragen kann sich das Netz nicht. Wir haben es an der Mauer, den Stützpfeilern und am Kreuz dieses Kirchsaals festgemacht. Denn auch wir hätten es auf die Dauer nicht tragen können: Uns wären die Arme lahm geworden.

Wie das Netz verankert ist in diesen Mauern, so machen wir uns fest an der Institution Kirche. Die einen mehr, die anderen weniger. Viel wichtiger noch: Wie das Netz am Kreuz befestigt ist, so haben wir als Gemeinde auch Halt am Kreuz, an Jesus selbst. Denn der hat die Kirche ursprünglich ins Leben gerufen, und erhält sie noch heute am Leben.
Bei allem Neuen und Frischen, das wir wagen, ist es doch manchmal eine Entlastung, wenn man an Althergebrachtes anknüpfen kann, den eigenen Faden sozusagen einbindet in ein Netz, das uns immer schon trägt.
So verhält es sich auch mit dem Apostolischen Glaubensbekenntnis, einem geprägten Stück kirchlicher Überlieferung, mit dem Christen sich von alters her daran erinnern, worauf ihr Leben aufbaut.
Den meisten von Ihnen ist das Bekenntnis vertraut. Trotzdem möchten wir jetzt an Sie alle ein Kärtchen verteilen, auf dem Sie den Wortlaut des Glaubensbekenntnisses finden. Durch die Karte haben wir ein kurzes Band gezogen – eine Erinnerung daran, daß unser eigener Faden immer angebunden ist an Vorfindlichem, an dem wir uns festmachen und worin wir uns aufgehoben fühlen.

## Zum Meditieren und Mitnehmen: Credo-Karten

*Die Kärtchen mit dem Text des Glaubensbekenntnisses werden verteilt. Danach spricht die Gemeinde das Credo.*

## Fürbittgebet

Spr.1: Herr, unser Gott, Du hast Dich in Deinem Sohn Jesus Christus eng mit uns verbunden und hörst, wenn wir zu Dir beten. Daher kommen wir nun zu Dir und rufen:
*Alle: Herr, erhöre uns!*

Spr.2: Wir denken an die Menschen, die bei uns durch das soziale Netz fallen. Wer in unserer Gesellschaft nicht bezahlen kann, ist vom Leben meist ausgeschlossen. Wir bitten Dich: Gib gerade denen,

denen wir etwas vorenthalten, Anteil an Deinem Leben, am Reich Gottes, das Du allen Menschen verheißt. Schenk ihnen Leben in Fülle, das nichts zu tun hat mit Geld und Besitz. Wir kommen zu Dir und rufen:

*Alle: Herr, erhöre uns!*

Spr.1: Wir bitten Dich für die Menschen, in deren Land Krieg herrscht. Von weitem betrachtet fällt uns kaum etwas anderes ein, als den Knoten dort mit Gewalt zu durchschlagen. Wir bitten Dich: Löse Du, was uns unentwirrbar scheint. Erkenne Du die Gegensätze, spüre Du die Interessen auf, und bringe sie zum Ausgleich, wo unser Einfühlungsvermögen und unsere Diplomatien nicht reichen. Wir kommen zu Dir und rufen:

*Alle: Herr, erhöre uns!*

Spr.2: Wir bitten Dich für die Kirchen, gleich welcher Konfession: daß wir nicht am Alten festkleben und in den überkommenen Ordnungen versteinern. Sondern daß wir in aller Freiheit auf die Menschen zugehen können, uns darauf einlassen, wie sie denken, was sie glauben, wie sie sind. Hilf aber, daß wir dabei den roten Faden unseres Glaubens und der Zugehörigkeit zu Dir nicht verlieren. Wir kommen zu Dir und rufen:

*Alle: Herr, erhöre uns!*

**Textvorschlag** zu „Auf und macht die Herzen weit ..." Gottes Band umfaßt die Welt./ Seine Hand mein Leben hält./ Gottes Liebe, Gottes Treu / sind an jedem Morgen neu.

# Mein Leben: ein Film –

## Gottesdienst für Jugendliche und Erwachsene

*Symbol: Eine leere Filmspule*

## Anmerkungen zu Planung, Vorbereitung und Verlauf

Es bietet sich an, diesen Gottesdienst gemeinsam mit Konfirmanden oder Jugendlichen vorzubereiten.
Das **Symbol zum Meditieren und Mitnehmen** ist eine leere Kleinbildfilmspule. Man erhält sie in ausreichender Anzahl in jedem Fotolabor. (Wichtig ist, daß die Spulen dort beim Entwickeln nicht aufgebrochen, sondern die Filme lediglich abgeschnitten werden. Es ist sinnvoll, zwei Wochen vorher ein Fotogeschäft am Ort zu konsultieren.)
Als „Requisiten" für die Predigt braucht man einen neuen Kleinbildfilm und eine Schere. Darüber hinaus wirkt es pfiffig, neben dem Altar auf einem Stativ eine Kamera zu postieren, mit der eine vorher instruierte Teilnehmerin an passenden Stellen im Verlauf des Gottesdienstes einige Aufnahmen von der Gemeinde macht. Besonders eindrucksvoll wirkt ein Blitzlicht.
Soll in dem Gottesdienst eine Taufe stattfinden, so eignet sich *Nachgedacht: Ein neugeborenes Kind ist wie ein unbelichteter Film* als Taufansprache.

## Verlaufsplan

**Klärungen**
*Erinnert: Fotos aus vergangenen Tagen*
Lied: Nun danket alle Gott (EG 321)
*Überleitung zum Psalm*
Der Herr ist mein Hirte. Psalm 23 im Wechsel (EG 710)
*Erzählt: Der Fotograf*
*Gebet*
Lied: Hilf, Herr meines Lebens (EG 419)

**Teilhabe und Gemeinschaft**
*Nachgedacht: Ein neugeborenes Kind ist wie ein unbelichteter Film...*
*Ein unscharfes Bild... Aus 1 Kor 13*
*Zum Mitnehmen und Meditieren: Filmspulen verteilen*
Kanon: Die Gott suchen (EG 176)

**Rede und Antwort**
*Zwischenruf: Stellvertretung*
*Und doch: Ich bin verantwortlich. Aus dem Römerbrief*
Lied: Such wer da will ein ander Ziel (EG 346,1.3.4)

**Zurück in den Altag**
*Fürbittgebet*
Vaterunser
Segen

## Texte

**Erinnert: Fotos aus vergangenen Tagen**

An einer bestimmten Stelle im Wohnzimmerschrank meiner Eltern stand ein Schuhkarton mit Fotos darin. Immer wenn ich krank war, habe ich diesen Schuhkarton mit ins Bett genommen und die Fotos angeschaut.
Manche dieser Fotos waren vergilbt und abgegriffen. Sie zeigten die Großeltern im Urlaub auf einem hohen Berg. Sogar die Urgroßeltern waren auf einem Bild zu sehen, vor ihrem Haus am Fluß.
Manche Fotos waren gerade erst gemacht. Sie zeigten meine Schwester gleich nach der Geburt. Die Eltern bei der Hochzeit. Und mich bei der Einschulung.
Wenn man die Fotos auf die eine oder andere Weise hintereinanderlegte, begannen die Bilder lange Geschichten zu erzählen.

Von euch, von Ihnen gibt es solche Bilder sicher auch.
Und jedes bewahrt eine Geschichte auf.
In manche Bilder kann man richtig eintauchen, wenn man sie betrachtet.
Vor dem geistigen Auge laufen dann Szenen ab, wie aus einem Film.

**Überleitung zum Psalm**

Erlösen hier und dort...
Ob unser Dasein zur Erlösung findet, ob der Film unseres Lebens in ein Happy End mündet?
Auch die Menschen der Bibel haben sich darüber Gedanken gemacht. Natürlich kannten sie noch keine Filme. Sie beschrieben ihr Leben nicht als eine Folge von Bildern, sondern als einen Weg aus vielen Schritten. Als einen Weg, der durch Höhen und Tiefen, durch Gefährdung und Glück führte. Auch das Ende, das Ziel des Weges haben sie sich auf ihre Weise vorgestellt...
*(Es folgt Psalm 23)*

**Gebet**

Spr.1 : Herr unser Gott, manchmal kommt es uns vor, als gleiche unser Leben einem Film.

Spr.2: Die einen stehen am Anfang – doch an den allerersten Anfang, die ersten Szenen des Lebens kann sich niemand mehr erinnern.

Spr.1: Manche stehen am Ende – aber ob ihr Film ein Happy End nimmt, oder welches sonst: Niemand kann es vorhersagen.

Spr.2: Manche stehen mittendrin. Aber wo sind Ursprung und Ziel? Was ist der Sinn, die Botschaft meines Films?Wie ist mein Leben gemeint?

Spr.1: Bin ich nur eine Randfigur auf der Leinwand? Oder führe ich die Kamera selbst in meinem eigenen Film?

Spr.2: Heute so – morgen so? Ich weiß es nicht. Hilf, Herr meines Lebens!

**Erzählt: Der Fotograf**

Es war einmal ein Fotograf, der fand eines Morgens beim Spazierengehen eine seltene Blume. Sorgfältig baute er sein Stativ auf, bereitete seine Kamera vor, prüfte den Lichteinfall, rückte noch einmal alles zurecht – und machte ein Bild.

Gerade hatte er begonnen, die Kamera abzubauen, da wurde er unsicher: Hatte er die Blume auch wirklich so auf den Film gebannt, wie seine Augen sie gesehen hatten? Hatte er die Kamera nicht eine Spur zu weit nach rechts gehalten? Oder nach links?
So begann er seine Arbeit von neuem, bereitete wieder alles sorgfältig vor, schaute durch die Linse, noch einmal *ganz* genau. Dann machte er das Foto. Und noch eines. Zur Sicherheit.

Aber halt! Hatte er bedacht, daß die Sonne in der Zwischenzeit ein Stück gewandert war? Bestimmt waren die Bilder wieder nichts geworden! Wenn ich nur sehen könnte, wie die Bilder genau aussehen, die ich fotografiert habe, dachte er. Die Fotos sollten wirklich besonders gut werden, so wie die

Blume eben selten war. Und zu einem ausgezeichneten Foto gehört, daß man den Stand der Sonne exakt kalkuliert.

Seufzend rückte er seine Ausrüstung ein Stückchen weiter, kontrollierte alles wieder und wieder und machte endlich mehrere Bilder, gleich eine ganze Serie.
Bei der letzten Aufnahme war ihm, als habe ein leiser Windhauch die Blume bewegt. Der Fotograf runzelte die Stirn. Dauernd kam etwas dazwischen. Nie konnte er sicher sein, das perfekte Foto gemacht zu haben. Er wollte es wissen, jetzt sofort, ob nicht wenigstens *ein* Bild von der Blume etwas geworden war. Ungeduldig öffnete er die Kamera und zerrte den Film hervor. Doch in dem Moment, als er den Film ans Licht zog, färbte er sich schwarz, und die ganze Mühe war vergebens gewesen.

**Nachgedacht: Ein neugeborenes Kind ist wie ein unbelichteter Film...**

Ein neugeborenes Kind ist wie ein unbelichteter Film. Hochempfindliches Material. Bereit zur Aufnahme.

Die Eltern kennen die Unsicherheit des Fotographen: Was letztlich auf dem Film zu sehen sein wird – man kann es nicht vorhersagen. Das Auge sieht genau hin. Man hat eine klare Vorstellung davon, wie das Bild aussehen soll. Aber es braucht Vertrauen in die eigenen Fähigkeiten und Entschlußkraft, um das Foto zu machen.

Jedes Kind – nicht nur ein neugeborenes – ist wie ein unbelichteter Film. Jeder Zentimeter Zelluloid ist bereit zur Aufnahme. Wir wollen viel Licht auf das Leben unserer Kinder fallen lassen. Wir wollen sie vor Bösem schützen. Wir wollen ihnen glückliche Erlebnisse ermöglichen, Liebe und Geborgenheit geben.
Aber auf einem Film, nur in Licht getaucht, ist später nichts zu erkennen.
Wir wollen Vorbild sein.
Vorbild? Wir selbst sind noch unfertige Menschen. Und meine Unfertigkeit, die dunklen Stellen in meiner Persönlichkeit nehmen meine Kinder ebenso wahr wie meine starken Seiten. Womöglich hat das sogar seine Richtigkeit: Licht und Schatten in ausgewogener Balance bewirken, daß auf dem Film später klare Konturen sichtbar werden.

Licht und Schatten: Unsere Kinder können sich an uns ein Bild davon machen, wie Menschen menschlich leben. Was für einen Eindruck das bei ihnen hervorruft, was sie prägt und welche Rückschlüsse sie aus unserem Vorbild ziehen, können wir nicht vorhersagen. Wir brauchen ein Stück Vertrauen in die eigenen Fähigkeiten. Und Vertrauen auf Gott.

Von der Entwicklung im Labor hängt schließlich ab, ob ein Film am Ende etwas taugt oder nicht.
Die endgültigen Bilder sind erst ganz am Ende zu erkennen, wenn sich Gott den Film vornimmt und entwickelt. Hoffen wir darauf, und bitten wir Gott, daß er in unserem Leben und im Leben unserer Kinder zum Guten fügt, was wir nicht endgültig bestimmen können.

Amen.

**Ein unscharfes Bild. Aus 1 Kor 13**

Unser Wissen ist Stückwerk, und unser Reden ist Stückwerk.
Unser Sehen ist Stückwerk. Und unser Zuhören ist Stückwerk. Aber einst kommt das Vollkommene. Dann wird das Stückwerk aufhören!
Als ich ein Kind war, redete ich wie ein Kind, dachte wie ein Kind und war altklug wie ein Kind. Aber jetzt, wo ich erwachsen werde, lege ich Schritt für Schritt ab, was kindlich ist.
In diesem Leben sehen wir nur wie in einem verschwommen Film – unscharfe Bilder, wir erkennen sie nicht. Am Ende der Tage aber sehen wir scharf und erkennen alles genau – von Angesicht zu Angesicht. In diesem Leben erkenne ich nur unvollständig; und verstehe das meiste nicht. *Dann* aber werde ich alles begreifen. Auch mich selbst wird man erkennen und verstehen, wer ich bin.

*(Nach 1 Kor 13,9ff)*

**Zum Mitnehmen und Meditieren: Filmspulen verteilen**

Dann aber werde ich alles begreifen...
Die endgültigen Bilder sehen wir erst, wenn Gott sie uns zeigt. Vielleicht staunen wir dann, wieviel Gutes aus dem gewachsen ist, wo wir uns unserer selbst gar nicht sicher waren. Und wieviel Merkwürdiges geworden ist aus dem, was wir nur gut gemeint haben.
Dann aber werde ich alles begreifen – und *mich* wird man auch verstehen...
Vorerst aber hat jeder von uns sein Leben nur wie in einer geschlossenen

Filmspule. Niemand kann sehen, was darin ist. Niemand erkennt, wie es darin aussieht. Ziehe ich sie vorschnell ans Licht, färbt sie sich schwarz...

*(Konfirmandinnen und Konfirmanden verteilen die Filmspulen.)*

## Zwischenruf: Stellvertretung

*(Film aus der Rolle ziehen)*

Mein Leben ein Film – Sie haben eben am Eingang die Lebensfilme der Konfirmanden gesehen. Sie haben eine Filmspule erhalten und vielleicht darüber nachgedacht, wie der Film Ihres eigenen Lebens aussieht. Vielleicht haben Sie sich auch Gedanken darüber gemacht, was Gott zutage fördert, wenn er unseren, Ihren, meinen Film einst aus der Spule zieht und entwickelt.
Ich weiß nicht, wie es Ihnen geht. Aber mein Film wird alles andere haben als ein leicht nachvollziehbares Drehbuch. Und für den, der ihn ansieht, wird er nicht nur ein Genuß sein. In manchen Sequenzen ist mein Film ordentlich belichtet. An manchen Stellen allerdings ist er schadhaft, geknittert, angerissen. Die Bilder springen hin und her. Und es gibt Passagen, die sind düster. Schwarze Löcher in meiner Biographie, bei denen es mir recht ist, daß niemand Genaues erkennt.

*(Prediger/in zieht ein Stück Film aus der Spule und schneidet es ab.)*

Und Einschnitte wird er haben. Davon muß jeder von uns einige verkraften. Einschnitte, die das Leben radikal verändern. Die den ganzen bisherigen Film in Frage stellen. Dieser Einschnitt und noch einer. *(Schneidet weiteres Stück ab)* Einschnitte, nach denen man nur von vorn beginnen kann – in der Hoffnung, daß alles was kommt irgendwie zu dem paßt, was vorher war.
Wenn Gott unsere Filme einst anschaut, wird er eine Menge Zelluloid von höchst fragwürdiger Qualität vor sich haben. Was tut er damit? Ich stelle mir vor:
Er legt diese Filmschnipsel in den Projektor. Er sieht sie sich an. Aber merkwürdig: Im Projektor scheint eine weitere Filmspule mitzulaufen. Es ist der Film des Lebens Jesu. Er läuft mit als Untergrund und Hintergrund für meinen eigenen Film.
An den vielen Stellen, wo mein Film unterbelichtet ist, blinde Flecken und schwarze Streifen aufweist – da wirft plötzlich das Leben Jesu Licht auf die Leinwand.

Überall da, wo ich an mich selbst gedacht habe, obwohl ich für andere hätte da sein sollen, ist plötzlich die Gestalt Jesu zu sehen, die für mich einspringt: Fremde versteht, mit Hungernden teilt, mit Behinderten behutsam umgeht, Kranke heil macht. Jesus, der mir seine Hände leiht.
Überall da, wo ich geschwiegen habe, obwohl ich hätte reden sollen, ist plötzlich die Stimme Jesu zu hören, die das Treffende sagt. Die richtige Frage stellt. Die ehrliche Antwort gibt. Stellung bezieht, wo ich gezögert habe. Jesus, der mir seine Stimme leiht.

An den vielen Stellen, an denen ich gefehlt habe in meinem eigenen Film, von Tag zu Tag fehle und mich selbst verfehle, da ist am Ende immer wieder die Gestalt Jesu auf der Leinwand zu sehen.
Der Film meines Lebens – eigentlich ein diffuser Streifen.
Eine Geschichte aus kleinen Erfolgen, großen Fehlern und vielen nicht gelebten Möglichkeiten. Ein Film, bei dem es schwerfällt zu erkennen, was überhaupt gespielt wird. Was ist der Sinn meines Lebens?
In Gottes Augen aber wird der Film meines Lebens ein Ganzes.
Etwas Zusammenhängendes, weil das Leben Jesu ihm den Zusammenhang gibt. Jesus, der vor Gott für mich eintritt.
Jesus, der ganz Mensch geworden ist, damit er an die Stelle von *uns allen* treten kann. Jesus, der ganzer Mensch geworden ist, heiler, vollständiger Mensch – damit er ausfüllt, was wir leer hinter uns lassen.

## Und doch: Ich bin verantwortlich! Aus dem Römerbrief

Ist es dann egal, wie der Film meines Lebens aussieht, weil Jesus ihn an den entscheidenden Stellen ergänzt und vervollständigt? Kommt es auf mich, auf mein Tun und Lassen, gar nicht so sehr an?
Der Apostel Paulus stellt sich eine ähnliche Frage und schreibt:
Was soll man dazu sagen? Soll man in Trägheit und Sünde steckenbleiben, damit die Gnade Gottes am Ende umso kräftiger zum Vorschein kommen kann?
Das sei ferne! Ihr seid nun frei von der Angst vor der Strafe Gottes, denn in Jesus Christus sieht Gott Euer Leben gnädig an. Schuld und Strafe – das gilt für Euch nicht mehr. Ihr seid der Sünde sozusagen gestorben. Was Ihr in Zukunft lebt, das lebt für Gott und Gott zum Dank.
Stellt Euch nicht dieser Welt gleich, sondern ändert Euch durch Erneuerung Eures Sinnes. Sucht und findet, was Gottes Wille ist, nämlich das Gute, was Euren Mitmenschen nützt und der ganzen Schöpfung dienlich ist.

*(Nach Röm 6;12,2)*

**Fürbittgebet**

Spr.1 : Herr Jesus Christus. Du trittst vor Gott für uns ein.
Wir bitten Dich: Höre uns, wenn wir nun kommen und zu Dir rufen:

*Alle: Herr, erbarme Dich!*

Spr.2: Unser Leben gleicht einem Film.
Wir bitten Dich für alle, denen das Leben lang wird; denen die Tage wie in Zeitlupe verstreichen, und einer ist wie der andere.
Wir kommen zu Dir und rufen:

*Alle: Herr, erbarme Dich!*

Spr.1: Wir bitten Dich für die, denen das Leben zu schnell vorbeizieht. Wo die Bilder hektisch eins aufs andere folgen. Wo kaum noch zu entscheiden ist, worauf es ankommt.
Wir kommen zu Dir und rufen:

*Alle: Herr, erbarme Dich!*

Spr.2: Wir bitten Dich für die, die resigniert auf ihr Leben starren, wie auf einen fremden Film auf der Mattscheibe.
Bitten für die, die über ihr Leben nicht mehr selbst entscheiden können, weil sie auf irgendeine Weise abhängig sind. Wir kommen zu Dir und rufen:

*Alle: Herr, erbarme Dich!*

Spr.1: Wir bitten Dich für die, die die dunklen Stellen und schwarzen Löcher in ihrem Leben nicht mehr ansehen möchten. Die sich schämen, wenn sie sich an früher erinnern. Die sich schämen, wenn sie ihr jetziges Leben anschauen. Wir kommen zu Dir und rufen:

*Alle: Herr, erbarme Dich!*

Spr.2: Jesus, du trittst für uns ein, wenn Gott einst über unser Leben zu Gericht sitzt. Deshalb wollen *wir* in diesem Leben für *Dich* eintreten. Unsere Hände sollen Deine Hände sein, unser Mund reden, was Du sagen würdest. Unsere Füße sollen gehen auf dem Weg des Friedens. Gib Du uns Kraft dazu. Wir kommen zu Dir und rufen:

*Alle: Herr, erbarme Dich*

Weitere mögliche Lesung nach dem Zwischenruf:

**Nur ein Abbild... Aus Röm 8**

So schreibt der Apostel Paulus:
Das, was wir haben, und das, was wir sind, ist nur Abbild und Schatten des Himmlischen. Wenn aber Christus an unsere Stelle tritt, so haben die Schatten keine Bedeutung mehr. Christus setzt unser sterbliches Leben zusammen zu einem himmlischen Leib.
Wir werden gerettet – doch im Moment können wir darauf nur hoffen, ohne zu sehen. Wie kann man hoffen, was heute schon klar auf der Hand liegt? Wir aber hoffen auf das, was man nicht sieht, und warten geduldig darauf.

Einst werden wir gleich sein dem Bild Christi.
Schon heute hilft uns der Geist Christi auf und vertritt uns vor Gott. Und wenn Gott einst richtet, sitzt Jesus selbst zu seiner Rechten und tritt für uns ein. So wird uns nichts trennen von der Liebe Gottes, die in Jesus Christus allen Menschen zur Hilfe kommt.

# Und worauf setzen Sie? –
## Seniorengottesdienst
*Symbol: Ein hölzerner Spielstein*

## Anmerkungen zu Thema, Planung und Verlauf

Für diesen Gottesdienst ist vorzubereiten:

- Ein Din-A-1-Plakat mit einem aufgezeichneten kreisrunden Spielplan (vgl. Zeichnung unten). Dieser Spielplan wird auf dem Altar ausgelegt. Im Laufe des Gottesdienstes kommen die Teilnehmerinnen und Teilnehmer nach vorne und setzen ihren Stein auf eines der Segmente.
- Ein Tombola-Rad (selbst bauen oder bei ortsansässigen Vereinen leihen), das man mit demselben Spielplan überklebt. Nachdem die Teilnehmerinnen und Teilnehmer gesetzt haben, wird das Rad in Schwung gebracht und das Gewinnsegment ermittelt. (Zur Not kann man auf das Rad verzichten – man verzichtet aber damit auf eine Attraktion im Gottesdienst!)
- Ein Liedblatt, auf dem auch die Kurzsichtigen den Kreis mit seinen einzelnen Segmenten und den darauf eingetragenen Wörtern erkennen können.
- Ein Satz „Spielsteine“ blanco. Es handelt sich um einfache Holzscheiben (Durchmesser ca 3,5 cm, Dicke 0,5 cm) erhältl. im Bastelgeschäft.
- Ein Satz „Spielsteine“ mit Kreuz: Holzscheiben wie oben, auf die man jedoch mit dunklem Stift ein Kreuz zeichnet.

Da die praktische Vorbereitung des Gottesdienstes einen gewissen Aufwand erfordert, bietet es sich an, ihn mit einer Gruppe zusammen vorzubereiten. Von der Thematik her richtet er sich vornehmlich an Seniorinnen und Senioren, die sich an verschiedenen Stellen der Liturgie einbringen können (vgl. *Zum Beispiel: Zufriedenheit)*. Der Gottesdienst kann jedoch altersübergreifend von der ganzen Gemeinde gefeiert werden.

## Verlaufsplan

*Jeder Teilnehmer erhält am Eingang einen Spielstein.*

**Klärungen**
Begrüßung
Lied: All Morgen ist ganz frisch und neu (EG 440)
*Nachgefragt: Worauf setzen wir in unserem Leben?*
*Zum Beispiel: Zufriedenheit*
Lied: Von guten Mächten ... (EG 65)

**Rede und Antwort**
*Hervorgeholt: Bibelverse, die uns durch unser Leben begleitet haben*
*Erinnert: Der Herr ist mein Hirte*

Lied: Es mag sein, daß alles fällt (EG 378)
*Einladung: Setzen Sie Ihren Spielstein!*
Lied: Hilf, Herr, meines Lebens ...(EG 419)
*Ergebnis: Nichts geht mehr!*
*Gegengelesen: Das Gleichnis vom Hausbau (Mt 7,24ff)*
Musikalisches Zwischenspiel

**Teilhabe und Gemeinschaft**
*Zwischenruf: Verloren – und doch auf der richtigen Seite*
*Zum Meditieren und Mitnehmen: Spielsteine mit Kreuzmarkierung*
Lied: Das Zeichen (EG 651)

**Zurück in den Alltag**
*Fürbittgebet*
Vaterunser gesungen (EG 188)
Segen

## Texte

### Nachgefragt: Worauf setzen wir in unserem Leben?

Spr.1: Ich setze auf Arbeit und Fleiß. Damit bin ich weit gekommen und habe mir vieles aufgebaut.
Spr.2: Für mich ist wichtig, niemals zur Seite der Verlierer zu gehören. Obwohl es mir oft schlecht gegangen ist – auf der Seite der Verlierer hab' ich nie gestanden, bis zuletzt nicht.
Spr.1: Ich setze auf Verständnis und Zuneigung untereinander. Streit kann ich nicht aushalten. Ich glaube an das Gute im Menschen.
Spr.2: Ich glaube an mich selbst. Das meiste von dem, was mir wichtig war, habe ich allein geschafft.
Spr.1: Ich setze auf die Zufriedenheit und Fröhlichkeit. Damit bin ich eigentlich immer ganz gut gefahren.

### Zum Beispiel: Zufriedenheit

Zufriedenheit – welch gutes Wort
an diesem heilgen, guten Ort.
Nicht jedermann ist es gegeben –
so ist es nun einmal im Leben.

Obwohl es gab oft schwere Stunden,
ich hab mich immer drein gefunden!
Das ist bestimmt 'ne gute Gabe.
Ich danke Gott, daß ich sie habe.

Was nützt mir alles Glück der Erde,
wenn ich nicht zufrieden werde.
Was brächte mir ein ew'ges Klagen?!

Was sollen and're Völker sagen –
wo Hunger, Morde, Kriege toben?!
*Wir* können unsern Gott nur loben!

*(Gedicht einer Seniorin)*

**Hervorgeholt: Bibelverse, die uns durch unser Leben begleitet haben**

Spr.1 Fürchte dich nicht, ich habe dich erlöst. Ich habe dich bei deinem Namen gerufen, du bist mein. (Jes 43,1)

Spr.2: Herr, du erforschest mich und kennest mich. Wo auch immer ich bin, du bist mir nah und umgibst mich. (Ps 139)

Spr.1: Am Ende aber bleiben Glaube, Liebe, Hoffnung – diese drei. Aber die Liebe ist die größte unter ihnen. (1 Kor 13,13)

Spr.2: Der Herr ist mein Hirte, mir wird nichts mangeln. Er weidet mich auf einer grünen Aue und führet mich zum frischen Wasser. (Ps 23)

**Erinnert: Der Herr ist mein Hirte**

Eine alte Frau erzählt:
Ich bin schon alt. Oft gibt es Momente, da habe ich Angst um mein Leben. Da greift plötzlich Panik an mein Herz. Ich denke: Gleich ist alles aus. Manchmal gelingt es mir dann, mir einen Vers aus der Bibel ins Gedächtnis zu rufen: Der Herr ist mein Hirte, mir wird nichts mangeln. Immer wenn mir dieser Vers in den Sinn kommt, werde ich ruhig.
Ich weiß auch noch, es war im Krieg. Vor wenigen Tagen hatte ich meine Tochter geboren. Bei einem Luftangriff wurde unser Haus schwer beschädigt. So mußte ich mit dem Säugling und meiner Mutter in den Bunker umziehen. Als wir nach dem nächsten Luftangriff aus dem Bunker kamen, stand unser Haus nicht mehr. Aus den Trümmern ragte nur noch eine Ecke

des massiven alten Schlafzimmerschrankes hervor. Wenigstens den wollte ich retten. Ich begann, Schutt und Trümmer beiseite zu räumen. Da entdeckte ich schon beim ersten Zupacken meine Konfirmandenbibel unter dem Geröll. Ich nahm sie in die Hand. Sie war weiß vom Staub und hatte eine Menge Macken abbekommen. Ich schlug sie auf und fand darin unversehrt leserlich die Widmung:
Der Herr ist mein Hirte, mir wird nichts mangeln.
Da hörte ich auf zu graben. Ich verstand: Diese Bibel war es, die ich finden sollte. Es waren ja sehr mangelhafte Zeiten damals, und ich hatte einen Säugling zu stillen. Und doch empfand ich von da an die Sicherheit, mir sollte es an nichts mangeln.

## Einladung: Setzen Sie Ihren Spielstein!

Und worauf setzen *Sie*?
Wie lautet Ihre stille Maxime? Vertrauen? Gesunde Skepsis? Vernunft? Was ist Ihre Grundhaltung? Was ist das tragende Prinzip Ihres Lebens, das Sie mit dem Urgrund des Daseins verbindet? Glaube? Liebe? Hoffnung?
Wie lautet der Grundton der Welt, den Sie leise mitsummen, um zu einem harmonischen Dasein zu gelangen? Gerechtigkeit, Wahrheit, Freundschaft: Diese und noch einige andere Grundsätze finden Sie hier auf dem Glücksrad – und auf dem Spielbrett hier auf dem Altar. Nehmen Sie nun Ihren Spielstein, kommen Sie zum Altar und setzen Sie den Stein auf das Feld, das Ihrem persönlichen Credo am ehesten entspricht.
Ist keines dabei, das Ihnen zusagt?
Dann nehmen Sie einen Stift, notieren Sie auf einem der freigelassenen Felder *Ihr* Wort, und setzen Sie Ihren Stein daneben.

## Ergebnis: Nichts geht mehr!

Sie haben nachgedacht und Ihren Stein gesetzt. Kommen wir zur Auswertung.
*(Der Sprecher dreht das Glücksrad – und verkündet das Ergebnis)*
Gewonnen haben alle, die auf (Name des Segments) gesetzt haben. Schade für die, die auf Glaube, Vernunft oder Wahrheit gesetzt haben. Auch mit Gerechtigkeit, Vertrauen oder Liebe ist heute kein Staat zu machen. Leider. Aber zum Glück geht es im Leben ja anders zu als am Glücksspieltisch!

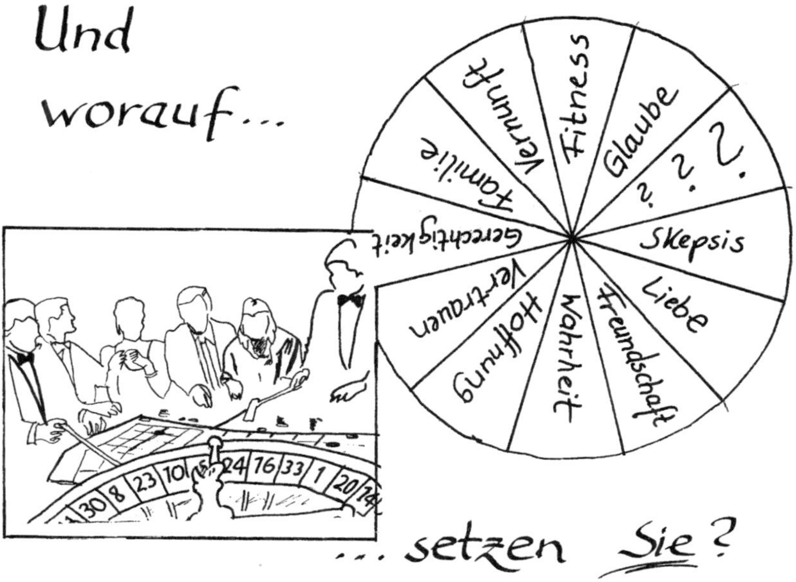


**Gegengelesen: Das Gleichnis vom Hausbau (Mt 7,24ff)**

Jesus spricht: Darum, wer diese meine Rede hört und tut sie, der gleicht einem klugen Mann, der sein Haus auf Fels baute. Als nun ein Platzregen fiel und die Wasser kamen und die Winde wehten und stießen an das Haus, fiel es doch nicht ein; denn es war auf Fels gegründet.
Und wer diese meine Rede hört und tut sie nicht, der gleicht einem törichten Mann, der sein Haus auf Sand baute. Als nun ein Platzregen fiel und die Wasser kamen und die Winde wehten und stießen an das Haus, da fiel es ein, und sein Fall war groß.

...

Als sie dieses Gleichnis gehört hatten, sprachen die Menschen untereinander: Laßt uns von nun an auf festen Grund bauen, auf daß das Haus unseres Lebens Bestand habe.

Und sie taten so,
bauten auf Ehrlichkeit und Treu und Glauben,
bauten auf Fleiß und Disziplin,
auf Wahrheit und Gerechtigkeit,
auf Ordnung, Liebe und Güte.

Da jedoch geschah ein großes Beben,
und die Erde schüttelte sich,
und warf die Häuser von sich.
Und der Fall war groß,
und blieb kein Stein auf dem anderen.

Nur ein Bauwerk stand noch an seinem Platz:
Das Haus dessen, der auf Sand gebaut hatte.
Denn es war flüchtig gebaut,
leicht und biegsam,
und der Sand hatte die schlimmsten Stöße abgefangen,
so daß das Beben ihm nichts anhaben konnte.

Da schauten die Menschen einander verwundert an, und sprachen: Worauf nun *sollen* wir bauen und trauen?
Worauf denn sollen wir setzen in unserem Leben?
Hat doch am Ende kein Haus vor dem Zorn Gottes Bestand.

## Zwischenruf: Verloren – und doch auf der richtigen Seite

Was dieses Gleichnis sagt: Wir können noch so umsichtig bauen, können noch so klug und bedächtig die Spielsteine unseres Lebens setzen – irgendwann einmal hagelt es die Niederlage, von der wir nicht so leicht wieder aufstehen.
Im Rückblick erkennen wir dann die kleine Unachtsamkeit, den winzigen Fehler: Ein Wort zuviel – aber *das* geht von Mund zu Mund, holt uns am Ende ein. Die erste Begegnung und die Entscheidung für einen Menschen, aber es war doch der falsche. Eine stille Erwartung, nie ausgesprochen – wächst zur Illusion, die schließlich herb enttäuscht wird. Falsch gesetzt.
Ich kann mich gegen die Niederlage anstemmen. Ich kann weiter lächeln, als wäre nichts geschehen. Ich kann dem Schicksal das strahlende Gebiß zeigen. Aber spätestens, wenn der Tod den schwarzen Strich unter mein Leben zieht, wird es unausweichlich: Ich stehe auf der Seite der Verlierer. Zu unrecht gehofft. Falsch entschieden. Fehlerhaft geplant. Angekommen da, wo ich nie hinwollte.
Ich schaue mich um.
Da steht noch einer neben mir. Einer, von dem es auch so scheint, als habe er falsch gesetzt. Einer, der die Niederlage klaglos auf sich genommen hat. Der, der ans Kreuz gegangen ist, ohne sich zu wehren.

Worauf ich setze in meinem Leben? Allein auf ihn. Auf den, der sich zu den Verlierern stellt, der die Verlorenen sammelt. Auf den, der die Niederlagen in Fülle verwandelt, die Verlorenheit in Geborgenheit, weil er da ist, nah ist. Weil er unter den Schwachen gegenwärtig ist.

Ich habe hier neue, besondere Spielsteine für Sie. Schauen Sie sie einmal an. Drehen Sie sie in der Hand hin und her. Bewahren Sie sie auf – in der Sonntagsmanteltasche vielleicht. Sie sollen an den erinnern, auf den allein wir setzen sollen. An den, der meinen Stein noch im Spiel hält, an den, der auf mich setzt, wenn ich mich schon längst verloren gegeben habe.

**Zum Meditieren und Mitnehmen: Spielsteine mit Kreuzmarkierung**
*Kinder verteilen die mit Kreuzzeichen versehenen Spielsteine an die Gottesdienstbesucher.*

**Fürbittgebet**

Spr.1: Herr unser Gott, Du bist Anfang und Ende, Weg und Ziel unseres Daseins.

Spr.2: Gib, daß wir das Spiel des Lebens nicht verbissen spielen, um unbedingt auf die Seite der Sieger zu gelangen. Wer sein Leben gewinnen will, der verliert es.

Spr.3: Herr – hilf uns zu unterscheiden: Wo dürfen wir loslassen? Woran sollen wir festhalten? Gib ein Lachen in unser Herz, so daß wir – wenn es nötig ist, das eine oder andere Spiel auch gutgelaunt verloren geben können.

Spr.2: Wir denken an die Menschen, die ihr Haus zufällig an die falsche Stelle gebaut haben – dorthin, bis wo das Hochwasser reichte. Wir denken an die Menschen, denen das Wasser bis zum Halse steht, an die, die Dreck und Schlamm beiseite räumen müssen, um wieder zu einem normalen Leben zurückzufinden.

Spr.3: Herr – sei Du selbst die Kraft in ihren Armen, der Mut in ihrem Sinn, sei Du die Zuversicht in unseren Herzen: daß die Welt nicht im Chaos versinke, sondern auf die Erfüllung Deiner Verheißungen zugehe.

Spr.2: Herr – das Karussell unseres Lebens dreht sich, der Ausgang des Spieles ist ungewiß bis zuletzt. Was ist gewiß? Worin ist unser Halt?

Spr.3: Wir bitten Dich: Zeig Du Dich am Ende als der, um den sich unser Leben dreht. Sei Du die Achse, die das Rad in der Spur hält.

# Vor nichts ist man sicher –
## Gottesdienst für junge Erwachsene
*Symbol: Eine Sicherheitsnadel*

## Anmerkungen zu Planung, Vorbereitung und Verlauf

Mit den folgenden Gedanken können Menschen, die „etwas zu verlieren" haben, wohl am meisten anfangen: junge Erwachsene, die vor kurzem Familie und evtl. das eigene Haus aufgebaut haben; Männer und Frauen, die sich eine berufliche Position erarbeitet haben etc.
Am Eingang erhalten die Teilnehmerinnen und Teilnehmer ein Liedblatt, in dessen rechter oberer Ecke eine **Sicherheitsnadel** steckt. Im Laufe des Gottesdienstes gibt jeder die Nadel zurück, um sie am Ende mit einer kleinen bunten Holzperle geschmückt wiederzubekommen. Geeignete Perlen erhält man im Spielwaren-, Bastel- oder Handarbeitsgeschäft. Wichtig ist lediglich, daß das Loch für den Durchstich der Nadel groß genug ist.

## Verlaufsplan

**Klärungen**
*Festgestellt: Vor nichts ist man sicher*
Lied: Lobet den Herren alle ... (EG 447)
*Erinnert: Das menschliche Bedürfnis nach Vertrautem*
Sicherheit kann die Seele kosten (Lesung aus Lk.12,16-21)
Lied: Hilf, Herr, meines Lebens (EG 419)

**Rede und Antwort**
*Nachgedacht: Die Taufe ist keine Lebensversicherung*
*Einsammeln der Sicherheitsnadeln*
Lied: Selig seid ihr ... (EG 666)
Apostolisches Glaubensbekenntnis
Taufe
Tauflied: Kind Du bist uns anvertraut (EG 596)
*Erzählt: Von einem, der sich vor Gott in Sicherheit bringen wollte*
„So bist Du da ..." Psalm 139 im Wechsel (EG 759.1)

**Teilhabe und Gemeinschaft**
*Zwischenruf: Nähme ich Flügel der Morgenröte ...*
*Zum Meditieren und Mitnehmen: Sicherheitsnadeln und Perlen*
*Lied: Weißt du, wo der Himmel ist ...*

**Zurück in den Alltag**
*Fürbitten*
Vaterunser
Segen

## Festgestellt: Vor nichts ist man sicher

Vor nichts ist man sicher.
Der eine baut sein Haus auf Sand. Die Flut kommt und spült es weg. Der andere baut auf Fels. Ein Erdbeben wirft das Haus um. Der nächste baut an einer sicheren Stelle im Wald. Da knickt der Sturm einen Baum gleich neben dem Haus. Der letzte baut gar nicht. Der Himmel ist sein Dach. Der wenigstens ist sicher. Doch da fällt überraschend ein strenger Frost, und er wird nicht mehr wach.
Vor manchem kann man sich in Sicherheit bringen. Aber nicht vor allem. Ganz sicher ist man nie.
Die Menschen in früherer Zeit waren den Gefahren des Daseins noch unmittelbarer ausgesetzt als wir. Alte Lieder erzählen von Feuersbrunst und Krieg, von Dieben, Räubern und den Sinnen, die man gottlob noch beisammen hat. Jede heil durchgestandene Nacht und jeder anbrechende Morgen war ein Grund zu danken.

## Erinnert: Das menschliche Bedürfnis nach Vertrautem

Sie alle haben am Eingang ein Liedblatt mit einer Sicherheitsnadel erhalten. Mit so einer Sicherheitsnadel kann man vieles absichern: den verlorenen Knopf, das gerissene Gummiband, das Loch im Hosenbein.
Sicherheit.
Jeder Mensch hat ein Bedürfnis nach einem gewissen Maß an Zuverlässigkeit, nach Dingen, die sich wiederholen und die ich kenne. Aufstehen, Anziehen, Kaffeekochen – wenn ich jeden Morgen darüber nachdenke, wie ich den Tag denn *heute* beginnen soll, bleibe ich gleich in den ersten fünf Minuten in einem Wust von Möglichkeiten stecken. Wer täglich neu mit sich zu Rate geht, in welche Richtung er denn heute gehen will, tritt am Ende auf der Stelle.
Menschen brauchen ein gewisses Maß an Gewohnheit. Wir schaffen uns Alltagsrituale, in denen wir uns sicher fühlen. Wenn ich zum Beispiel einem fremden Menschen begegne kann ich vieles falsch machen und mißverstehen. Was bewirkt, daß wir bei unserer ersten Begegnung zurechtkommen? Es ist das Ritual der Begrüßung: lächelnd aufeinander zugehen, sich die Hände schütteln, mit freundlichem Ton in der Stimme ein paar Worte wechseln. Wie kommt es, daß beim Mittagessen sich nicht alle auf den großen Topf stürzen und jeder nimmt, was er kriegen kann? Beim Essen

gibt es Regeln: Man scheppt zuerst einmal den anderen auf und nicht sich selbst. Man nimmt nur soviel, wie man wirklich schafft, und wenn zuwenig da ist, wird gerecht geteilt. Unser Alltag ist durchsetzt von solchen Spielregeln und vertrauten Mustern. Sie erleichtern den Umgang miteinander. Sie geben uns Sicherheit.
Man kann es allerdings auch übertreiben.
Manche regeln ihr Dasein vom Weckerrasseln bis zum Löschen der abendlichen Leselampe. Manche bringen selbst noch den kleinsten Vorgang in umständliches Amtsdeutsch. Viele schließen Versicherungen ab gegen alles und jedes. Wenn der Fall des Falles eintritt, gibt ihnen das Geld die verlorene Sicherheit zurück und hilft ihnen, zum gewohnten Gang der Dinge zurückzukehren.
Wo alles abgesichert ist, passiert nichts mehr. Und ein Übermaß an Sicherheit kann mich die Seele kosten. Davon erzählt die Geschichte vom reichen Kornbauern.

**Nachgedacht: Die Taufe ist keine Lebensversicherung**

Es gibt einen alten Brauch, daß Eltern mit einem neugeborenen Kind nicht eher das Haus verlassen, als bis es getauft ist. Man fürchtet, daß ein Ungetauftes einem Unglück oder bösen Mächten schutzlos preisgegeben sein könnte. Erst die Taufe könne es wirksam schützen.
Ich habe mich schon oft gefragt, ob dieser Brauch wirklich etwas mit dem Christentum zu tun hat. Denn die Taufe ist alles andere als eine Lebensversicherung. „Wir, die wir auf Jesus Christus getauft sind, sind in seinen Tod getauft", schreibt der Apostel Paulus im Römerbrief. Die Taufe verbindet uns also mit Jesu irdischem Leben, seinem Sterben und Tod.
Jesus hat in höchster Unsicherheit gelebt. Er hat auf alle Geborgenheiten verzichtet. Nichts hatte er, wohin er sein Haupt hinlegen sollte. Aus vielen Ritualen und Normen, die die Menschen einengen, hat er sich nichts gemacht. Er wandte sich den Menschen so zu, wie sie eben kamen, ohne Vorurteil, ohne übertriebenen Respekt. Das machte ihn verletzlich, angreifbar, in den Augen mancher sogar fragwürdig. Jesus – ein Mensch ohne Schutz und Maske.
Wer getauft ist und Jesus nachfolgen will, der muß eigentlich alle diesseitigen Absicherungen loslassen. Kein Sparbuch mehr. Keine Lebensversicherung. Kein Stillschweigen mehr, um auf Nummer sicher zu gehen. Keine Reserven mehr. Auch keine Reserve dem Leben gegenüber.
Wer getauft ist und lebt wie Jesus, der lebt ohne Sicherheitsnadel.

*(Kinder sammeln die Sicherheitsnadeln von den Teilnehmern ein.)*

**Erzählt: Von einem, der sich vor Gott in Sicherheit bringen wollte**

Vor langer Zeit lebte in Israel ein Prophet: Jona
Eines Tages hörte Jona einen Befehl, Gottes Befehl: „Auf, Jona. Geh weg aus Israel. Mach dich auf den Weg nach Ninive. Die Menschen dort tun Böses. Sage ihnen: Wenn Ihr Euch nicht bessert, wird Gott zornig über Euch!"
Jona wurde blaß: Ninive! Die große Stadt! Nein, dahin will ich nicht! Ich habe Angst. Außerdem: Die Menschen dort sind stark. Wenn ich ihnen sage, Gott wird zornig auf euch, dann werden sie am Ende böse auf mich. Nein. Ich gehe einfach in die andere Richtung.
Er war schon einen halben Tag gegangen, da hörte er plötzlich eine Stimme: „Jona, kehr um und geh nach Ninive!" Da begann Jona zu laufen. Er wollte ans Meer. Er dachte: Gott ist ein Landgott. Er wohnt in Israel. Aufs Wasser kann er mir nicht folgen. Wenn ich erst auf dem Meer bin, bin ich in Sicherheit.
Er kam an einen Hafen, gab dem Hafenmeister Fährgeld, stieg in ein Schiff und war bald mitten auf dem Wasser. Da hörte Jona wieder die Stimme: „Jona. Kehr um, mach dich auf und geh nach Ninive!" Jona erschrak. Wie hatte Gott ihn gefunden?
Ich weiß, was ich mache, dachte er. Ich lege mich unter Deck, in die tiefste Kajüte und schlafe. Da bin ich vor Gott in Sicherheit.
Kaum war er eingeschlafen, zogen dunkle Wolken am Horizont auf. Der Wind frischte auf und wuchs zum Sturm, zum Orkan. Rund um das Schiff herum zuckten die Blitze. Der Donner krachte. Riesige Wellen warfen das Schiff in und her. So einen schlimmen Sturm hatten die Matrosen noch nicht erlebt. Sie warfen alle Ladung über Bord, um das Schiff leichter zu machen. Als das nichts half, fielen sie auf die Knie und riefen ihre Götter an. „Helft uns. Das Schiff geht unter und wir ertrinken. Rettet uns." Der Kapitän stieg unter Deck, wo Jona friedlich schlief. „Wach auf, Jona. Hilf uns beten, sonst sind wir verloren!"
Schnell stand Jona auf.
Als er an Deck kam, stellten sich die Matrosen im Kreis auf und warfen das Los. Das Los fiel auf Jona. „Du hast Schuld an dem Sturm!" sagte der Kapitän. „Ja", sagte Jona. „Ich war ungehorsam und bin vor Gott weggelaufen. Nun verfolgt er mich."
„Was nun?" fragten sich die Matrosen.
„Werft mich ins Wasser", antwortete Jona, „Ihr werdet sehen: Dann hört der Sturm auf."
Schließlich wußten die Matrosen nicht mehr weiter. „Oh Gott", beteten sie, „wir müssen einen Menschen umbringen, damit wir leben können. Vergib uns!" Und sie nahmen Jona und warfen ihn ins Meer.

Da ließ das Wetter nach, die See glättete sich, der Himmel wurde klar. Die Matrosen beteten und dankten Gott.

Jona aber:
Als er ins Wasser fiel und tiefer und tiefer sank, kam plötzlich ein riesiger Fisch. Den hatte Gott geschickt. Er schwamm auf Jona zu, sperrte sein Maul weit auf und verschlang ihn mit einem Bissen.
Ertrunken war er nicht. Aber dafür saß Jona nun gefangen im Bauch eines Tieres.
„Jetzt bin ich da, wo ich die ganze Zeit hinwollte", dachte Jona verzweifelt. „Hier unten im Bauch des Fisches findet mich ganz sicher niemand mehr, nicht einmal Gott. Hier bin ich vor ihm sicher. Und muß sterben! Wenn Gott mich doch nur hören könnte!"
Drei Tage war Jona im Bauch des Fisches und betete. Am dritten Tag hörte Gott sein Gebet, und der Fisch spie Jona an Land.
Und wieder sprach Gott zu ihm: „Auf Jona, geh nach Ninive!"
Und endlich machte sich Jona auf und ging in die große Stadt

Wer sich vor Gott in Sicherheit bringen will, dem wird das Leben eng. Und doch gibt es keinen Platz, wo wir uns Gott entziehen können. Nicht auf der Erde, nicht unter der Erde, nicht in der Tiefe des Wassers, nicht am Ende der Welt...

## Zwischenruf: Nähme ich Flügel der Morgenröte...

Man muß sich diese Worte einmal auf der Zunge zergehen lassen: Und nähme ich Flügel der Morgenröte und flöge bis hin zum äußersten Meer, so würde auch dort Deine Rechte mich halten ...
Ein Bild der Geborgenheit und Freiheit. Der Geborgenheit und Freiheit, die man entdeckt, wenn man die gängigen Rückversicherungen des Lebens losläßt. Kein Sammeln und Sorgen. Allein was Gott gibt, sei mein täglich Brot. Keine Bindung an Menschen und Mächte. Allein wozu Gott mich ruft, ist das Entscheidende. Kein eigenwilliges Marschieren in die selbstgewählte Richtung. Wohin Gott mich führt, ist *der* Weg. Der Punkt des Lebens, an dem ich stehe, ist der richtige für mich – weil Gott neben mir steht. Bei ihm bin ich in Sicherheit.
Diese Erkenntnis ist mir zu wunderbar und zu hoch, heißt es in dem Psalm. Sie ist nicht einfach zu begreifen. Und es ist schwierig, sich darauf einzulassen.
Kennen Sie die Angst, in einem unbekannten Gewässer beim Schwimmen

unvermutet den Grund zu berühren? Ich verkrampfe mich in meinen Bewegungen, lege mich ganz flach auf das Wasser und paddele kurzatmig. Nur nicht auf den Grund kommen. So kommt mir mein Leben manchmal auch vor: ein krampfhaftes Schwimmen in höchster Anstrengung: Termine, Gespräche, kleine und große Aufgaben, Geld verdienen und ausgeben, planen und Vorsorge treffen. An der Oberfläche paddeln, um nur ja nicht zu sinken. Auf Nummer sicher gehen, um nur nicht auf den Grund zu kommen.
Und betete ich mich bei den Toten: Du, Herr bist da... Ab und an kommt mir eine längst vergessene Ahnung ins Bewußtsein: daß das Leben kein vergebliches Paddeln gegen den auf mich zutreibenden Tod ist. Sondern daß ich, Sie, wir alle zugehen auf einen großen Moment am Ende, in dem plötzlich alles sich löst und von mir abfällt. In dem sich alles klärt und mir leicht wird, als nähme ich Flügel der Morgenröte. Und selbst da noch wird mich seine Rechte führen in ein neues Land – und seine Hand mich halten. Manchmal spüre ich es sogar schon hier: Ich lasse los und finde Grund, den Grund meines Lebens. All die kleinen und großen Absicherungen, die ich aufgebaut habe – für eine kleine Weile bedeuten sie mir nichts mehr. Ich fühle mich sicher, denn ich habe – Boden unter den Füßen. Es ist die Hand Gottes. Ich kann leben, lieben und arbeiten ohne Angst, dabei zu verlieren.
Gott, der Grund meines Lebens.
Auf ihn gehe ich hin. Von ihm komme ich her. Das ist sicher.
Also doch wieder eine Sicherheitsnadel am Ende – aber diesmal geschmückt mit einer bunten Perle. Zur Erinnerung daran, daß die Sicherheit bei Gott die einzige ist, die mir Freiheit gibt und mein Leben lebendig hält.

### Zum Meditieren und Mitnehmen: Sicherheitsnadeln und Perlen

*Die Sicherheitsnadeln und Perlen werden an die Teilnehmerinnen und Teilnehmer verteilt.*

### Lied: Weißt du, wo der Himmel ist?

Weißt du, wo der Himmel ist, außen oder innen? Eine Handbreit rechts und links, du bist mittendrinnen, du bist mittendrinnen.

Weißt du, wo der Himmel ist? Nicht so tief verborgen. Einen Sprung aus dir heraus, aus dem Haus der Sorgen, aus dem Haus der Sorgen.

Weißt du, wo der Himmel ist? Nicht so hoch da oben. Sag doch ja zu dir und mir, du bist aufgehoben, du bist aufgehoben.

Text: Wilhelm Willms
Musik: Ludger Edelkötter
aus: Weißt du, wo der Himmel ist ( IMP 1003 – vergriffen)
Weil du mich so magst (IMP 1036)
Weißt du, wo der Himmel ist (IMP 3001)

## Fürbittgebet

Spr. 1: Herr unser Gott, Du hast uns versprochen, uns zu hören, wenn wir zu Dir rufen. Deshalb kommen wir jetzt zu dir und bitten:
*Alle: Herr, erhöre uns.*

Spr. 2: Wir bitten Dich für die Menschen, die alles um sich herum abgesichert und durchgeplant haben, sodaß ihnen nichts mehr passieren kann. Hilf ihnen aus der selbstverordneten Starre heraus, daß in ihrem Leben doch noch etwas geschieht. Wir bitten Dich für sie und uns:
*Alle: Herr erhöre uns.*

Spr. 1: Wir denken an die, für die sich viele Sicherheiten auflösen, weil sie ihre Arbeit verlieren; weil ihre Kinder aus dem Haus gehen; weil jemand, der ihnen nahesteht, sich verabschiedet oder gar ohne Abschied geht. Wir bitten Dich für sie und uns:
*Alle: Herr, erhöre uns.*

Spr.2: Wir bitten Dich für alle, die alte Gewohnheiten zurücklassen und in einen neuen Lebensabschnitt eintreten; die heiraten oder eine Freundschaft anfangen; die ein Kind bekommen; die in eine neue Umgebung ziehen oder eine neue Arbeit beginnen. Wir bitten Dich für sie und uns:

*Alle: Herr, erhöre uns.*

Spr.1: Wir bitten Dich für die Jugendlichen überall, die die Sicherheiten der Elterngeneration aufs Spiel setzen. Vielleicht, weil sie den Grund ihres persönlichen Lebens erreichen wollen? Darum, daß sie auf diese Weise zu *Dir* finden, beten wir. Wir bitten Dich für sie und uns:

*Alle: Herr, erhöre uns.*

# Von den Blumen auf dem Felde –
## Familiengottesdienst zum Ferienbeginn
*Symbol: Eine Blume*

## Anmerkungen zu Planung, Vorbereitung und Verlauf

Das **Symbol zum Meditieren** ist eine Blume. Sie ist jedoch nicht zum Behalten gedacht, sondern zum Weiterverschenken.
Das Aufstehen und Weiterverschenken der Blume ist der riskante Schritt in diesem Gottesdienst. Die Teilnehmerinnen und Teilnehmer überwinden verschiedene Hemmschwellen. Die höchste ist wohl, auf eine bestimmte Person zuzugehen und ihr durch das Überreichen der Blume persönliche Sympathie oder zumindest Interesse einzugestehen. Ebenso umgekehrt: jemanden auf mich zu und an mich herankommen zu lassen, annehmen, daß mir jemand eine Blume schenkt. Um die Hemmschwellen überwinden zu helfen und die Teilnehmerinnen und Teilnehmer behutsam in die Interaktion einzuführen, sollte man besondere Sorgfalt auf die Formulierungen der Einladung zu diesem Schritt legen.
Der Gottesdienst richtet sich über alle Altersgruppen hinweg an die ganze Gemeinde. Als Zeitpunkt für die Durchführung dieses Gottesdienstes ist der Beginn der Sommerferien besonders geeignet.

## Verlaufsplan

**Klärungen**
Begrüßung
*Gebet*
Lied: Du meine Seele singe (EG 302)
Psalm im Wechsel (Ps.103/EG 744)
Lied: Laudato si (EG 515; vgl.*Textvorschlag* unten)

**Rede und Antwort**
*Seht die Blumen... – Biblische Lesung aus Mt 6,19-34*
*Zum Meditieren: Blumen*
Lied: Halleluja (EG 182; *vgl.Textvorschlag unten*)
*Erzählt: Die Geschichte von der Blume, die eine andere sein wollte*
*Zwischenruf: So sein, wie ich bin ...*
Taufe

**Teilhabe und Gemeinschaft**
*Vorschlag: Blumen verschenken*
*Lied: Kindermutmachlied*

**Zurück in den Alltag**
*Fürbittgebet*
Vaterunser gesungen (EG 188)
Segen

## Texte

### Gebet

Herr, unser Gott, wir kommen zu Dir
von fern und nah. Wir gehören zu Dir.
Klein und groß.
Die einen nachdenklich, besorgt.
Die anderen mit Lachen im Gesicht.
Wir wollen uns öffnen,
wie sich die Blume der aufgehenden Sonne zuwendet.
Wir warten auf Dich,
daß Du uns festmachst,
uns Halt und Wurzel gibst.
Wir bitten: Komm zu uns
in Jesus Christus, Deinem Sohn, unserm Herrn.

Amen.

### Seht die Blumen ... – Biblische Lesung aus Mt 6,19-34

Wahrlich, ich sage euch:
Sammelt auf Erden keine Schätze, hortet auch keinen Reichtum. Denn wo dein Schatz ist, da ist auch dein Herz. Sammelt euch lieber Schätze im Himmel. Da kann sie euch keiner nehmen.
Weiter sage ich euch: Sorgt nicht um euer Leben. Sorgt nicht um das, was ihr essen und trinken werdet, auch nicht um euren Leib, was ihr anziehen werdet. Das Leben ist mehr als Nahrung und der Leib mehr als Kleidung!
Seht die Vögel unter dem Himmel: Sie säen nicht, sie ernten nicht, sie sammeln nicht in Vorratshäuser oder auf Bankkonten – und euer himmlischer Vater ernährt sie doch. Ihr aber seid ihm noch viel mehr wert als sie!
Und was sorgt ihr euch um eure Kleidung? Schaut die Lilien auf dem Feld an, wie sie wachsen: Sie arbeiten nicht, auch spinnen sie nicht. Ich sage euch: Selbst Salomo in all seiner Herrlichkeit war nicht gekleidet wie auch

nur eine von ihnen. Wenn nun Gott die Blumen auf dem Feld so kleidet, obwohl sie doch morgen vertrocknen und in den Ofen geworfen werden: Wieviel mehr wird er für euch tun?
Wer ist unter euch, der seines Lebens Länge eine Spanne zusetzen könnte, wie sehr er sich auch darum sorgt? Darum sorgt nicht für morgen, denn der morgige Tag wird für das Seine sorgen. Es ist genug, daß jeder Tag seine eigene Plage hat. Trachtet zuerst nach dem Reich Gottes und nach seiner Gerechtigkeit, so wird euch das alles zufallen. Denn euer himmlischer Vater weiß um alles, was ihr bedürft.

**Zum Meditieren: Blumen**
*(Nach einer kurzen Überleitung verteilen Kinder die bereitgestellten Blumen an die Gottesdienstbesucher.)*

**Erzählt: Die Geschichte von der Blume, die eine andere sein wollte**

Auf einer Wiese nahe bei den Häusern der großen Stadt weideten eine Menge Kühe – und standen eine Menge Blumen: rote, gelbe, weiße, blaue – in allen möglichen Farben – und eine schöner als die andere. Es stand auch eine Kornblume auf der Wiese. Die hatte nur *einen* sehnlichen Wunsch: Hoffentlich kommt bald jemand und pflückt mich. Bevor die Kuh mich frißt, möchte ich doch viel lieber jemandem Freude bereiten. Dann weiß ich wenigstens, daß es mit meinem Leben eine Bewandtnis hatte.
Früh am Tag kamen Kinder auf die Wiese.
„Oh, schaut nur, die Blumen!“ rief ein Mädchen. „Kommt, wir flechten uns Haarkränze daraus!“
„Ja“, rief ein anderes. „Pflückt aber die mit dem langen Stiel. Die lassen sich besser flechten!“
Wie gerne wäre die Kornblume in solch einen Kranz geflochten worden! Aber die Kinder sahen sie gar nicht. „Alle anderen nehmen sie. Nur mich nicht. Das liegt daran, daß mein Stiel nicht lang genug ist. Ich weiß, was ich tue.“
Als der Abend kam, zog sie und zerrte sie an ihrem Stiel. Stück für Stück, Ruck für Ruck. Anfangs rührte sich gar nichts.
„Das schaffe ich nie“, dachte die Kornblume.
Doch als der Morgen dämmerte, war es geschafft: Sie schaute sich um. Tatsächlich: Sie stand höher als alle anderen Blumen auf der Wiese. Die schüttelten nur die Köpfe und wunderten sich.
Am Nachmittag kam ein junger Bursche auf die Wiese. Er legte sich auf den Rücken und schaute in den Himmel.

„Gleich sieht er mich und pflückt mich, bestimmt, bestimmt", dachte die Kornblume. Da: Jetzt streckte der Bursche die Hand aus und ... – pflückte die Margerite gleich in ihrer Nachbarschaft. Faßte jedes einzelne ihrer Blütenblätter mit feinen Fingern an, und zählte: Sie liebt mich, sie liebt mich nicht...
„Was für eine seltsame, erhabene Beschwörung", dachte die Kornblume. „Ich müßte auch einen so übersichtlichen Blütenkranz haben. Das erleichtert den Menschenkindern das Zählen!"
So ging sie in der nächsten Nacht aufs neue zu Werke. Sortierte sich. Putzte sich, spreitzte ihre Blüte, zog sie wieder zusammen. Und als schließlich der Morgen kam, standen ihre Blütenblätter fein säuberlich im Kreis – gut zu sehen, gut abzuzählen. Die Blumen um sie her schüttelten die Köpfe.
„Was stellst *du* denn dar?" fragten sie. Aber die Kornblume ließ sich nicht abbringen. „Heute kommt gewiß jemand und pflückt mich!"

Es kam ein junges Mädchen auf die Wiese, das bückte sich, schaute hierhin, schaute dorthin. Was suchte sie nur?
„Bestimmt sucht sie mich!" dachte die Kornblume. „Aber sie pflückt ja nur Mohnblumen! Und was ist das für ein Lied, das sie singt?" Die Kornblume lauschte.
„Rot, rot, rot sind alle mein Kleider, rot, rot, rot ist alles, was ich hab, darum lieb ich alles, was so rot ist ..."
Rot. Das was also das Geheimnis. „Rot ist die Farbe, die die Menschen bevorzugen", dachte die Kornblume. „Wie dumm nur, daß ich blau bin. So pflückt mich weder das Mädchen, noch sonstwer."
Der Abend kam, und längst hatte die Kornblume alles vorbereitet. Die ganze Nacht legte sie Farbe auf, und tatsächlich – als die Sonne aufging, stand da eine rote Blume auf hohem Stengel mit kreisrundem Blütenblatt. Die Blumen drumherum steckten die Köpfe zusammen.
„Du willst wohl etwas Besonderes werden, damit dich jemand pflückt, wie?! Aber schau nur, was aus dir geworden ist!" riefen sie. „Eine dürrstengelige, rotblaugetupfte Weißnichtwas. Wer will denn dich schon haben? Und selbst *wenn* sich einer an dir freut: Du kannst dich doch gar nicht mitfreuen! Du bist doch gar nicht mehr du."
Die Kornblume sah an sich herunter.
„Also," dachte sie, „kommt am Ende doch die Kuh, und frißt mich..."
Da kam von weitem eine alte Frau über die Wiese. Die hatte eine starke Brille auf, und ein noch dickeres Brennglas in der Hand.
„Oh", sagte sie – und betrachtete die Kornblume eingehend. „Ohoo! So eine Blume hab' ich ja noch nie gesehen. Was ist das nur für eine? Das könnte eine Margerite sein. Aber so ein langer Stengel? Der Farbe nach ist

es Klatschmohn. Nur eines ist es ganz gewiß nicht: eine Kornblume! Was für ein seltenes Stück! Die pflücke ich und nehme sie mit nach Hause, zu Forschungszwecken..."

So kam es, daß die Kornblume am Ende sogar berühmt wurde. Als einzigartiges Exemplar der Pflanzenwelt fand sie Eingang in verschiedene gelehrte Bücher. Für sie war das alles nicht so wichtig. Sie war gepflückt – das war die Hauptsache. Ihr Dasein war nicht sinnlos verschenkt, sondern hatte eine Bewandtnis gehabt.

### Zwischenruf: So sein, wie ich bin

Manchmal möchte ich ganz jemand anders sein.
Jemand Bedeutendes. Mit großen Fähigkeiten.
Manchmal kommt es mir so vor, als müßte ich etwas Besonderes vollbringen, was alle anerkennen. Wer bin ich sonst?
Ein Grashalm nur unter unzähligem Kraut auf dem Feld.
Manchmal kommt es mir so vor, als genügte ich nicht. Als dürfte ich nicht ich sein, sondern müßte mehr werden, anders, größer, schöner.
Gott spricht: Du bist du, und darfst so sein, wie du bist. Fürchte dich nicht. Ich habe dich bei deinem Namen gerufen, du bist mein.
Immer wenn wir ein Kind taufen, erinnern wir uns daran: Wir leben nicht von dem, was wir aus uns selbst machen – sondern zuerst von dem Ja her, das Gott zu uns sagt. Ohne alle Bedingungen.

### Vorschlag: Blumen verschenken

Blumen, die man behält, verwelken – früher oder später. Ein Blume, die man verschenkt, bekommt mit einemmal Bedeutung.

Man kann eine Blume auf vielerlei Weise verschenken. Man kann sie einfach nur weggeben. Dann übt man schon einmal, etwas Schönes loszulassen. Man kann mit der Blume jemandem einen freundlichen Gruß bringen, ein Stück unkomplizierte Lebensfreude. Du bist hier. Ich bin hier. Das ist gut so. Die Blume kann aber noch mehr ausdrücken: Interesse, Zuneigung, Verehrung für einen Menschen.

Sie sollen jetzt gleich Ihre Blume aus der Hand geben – und verschenken. Was dabei Ihr Herz bewegt, bleibt Ihr Geheimnis. Denn das Verschenken soll ohne Worte geschehen. Nehmen Sie Ihren Mut in die Hände, und überreichen Sie die Blume der- oder demjenigen, die Sie ausersehen haben.

Das Ganze ist ein Experiment – und schwierig in Gang zu bringen. Ich

schlage vor: Stehen Sie einfach einmal auf. Orientieren Sie sich. Gehen Sie ein wenig umher – der Raum ist ja groß genug. Überlegen Sie sich: Wem möchte ich meine Blume schenken? Oder: Wer würde sich jetzt wohl gerade über meine Blume freuen?
Eine wichtige Regel: Jeder soll nur *eine* Blume annehmen. Sonst bekommt der Pfarrer hinterher ein Dutzend, und andere stehen leer da.

### Lied: Wenn einer sagt, ich mag dich (Kindermutmachlied)

Text und Musik: Andreas Ebert

Refrain: La la la ...

1. Wenn einer sagt: „Ich mag dich, du, ich find dich ehrlich gut“, dann krieg ich eine Gänsehaut und auch ein bißchen Mut.

Refrain: La la la ...

2. Wenn einer sagt: „Ich brauch dich, du, ich schaff es nicht allein“, dann kribbelt es in meinem Bauch, ich fühl mich nicht mehr klein.

Refrain: La la la...

3. Wenn einer sagt: „Komm, geh mit mir, zusamen sind wir was“, dann werd ich rot, weil ich mich freu, dann macht das Leben Spaß.

Refrain: La la la...

4. Gott sagt zu dir: „Ich hab dich lieb und wär so gern dein Freund. Und das, was du allein nicht schaffst, das schaffen wir vereint!“

Refrain: La la la...

## Schlußgebet

Herr unser Gott
manchmal dauert es lange, bis ich denjenigen gefunden habe, dem ich eine Blume schenken will. Manchmal fällt es mir schwer, den Mut aufzubringen, jemand anderem ein freundliches Wort zu sagen. Oder zu zeigen: Ich interessiere mich für dich. Wer weiß, wie der andere reagiert?

Herr mein Gott – manchmal dauert es lange, bis mir endlich wieder einmal jemand Blumen schenkt. Oder ein gutes Wort sagt. Das sind Durststrecken in meinem Leben. Ich sehne mich doch nach der Zuneigung und Anerkennung anderer.

Herr, hilf uns, liebevoll und ehrlich miteinander umzugehen. Gib uns den Mut, einander Gutes zu tun und Freundliches zu sagen, wenn es uns in den Sinn kommt. Gib mir das Selbstvertrauen und die Geduld, zu warten und ich selbst zu bleiben, bis wieder jemand kommt, der etwas für mich übrig hat.

Herr, wir möchten gerne leben wie die Lilien auf dem Felde: nicht säen, nicht ernten. Nicht sorgen, sondern Gott sorgen lassen. *Dich* sorgen lassen. Doch dazu fehlt uns das Vertrauen. Hetze und Angst um den Arbeitsplatz, Kontoauszüge und Schulklausuren holen uns schon nach kurzer Zeit wieder ein.
Wir bitten Dich, Herr: Mach uns wenigstens an diesem Tag der Woche frei, daß wir schon heute etwas erleben vom Reich Gottes, in dem Du uns alles gibst, was wir nötig haben.

**Textvorschlag** auf die Melodie von **Laudato si (EG 515)**

Sei gepriesen, Du läßt die Blumen sprießen,
sei gepriesen für ihre hellen Farben,
sei gepriesen für ihrer Blüten Düfte,
sei gepriesen, denn Du bist wunderbar ...

**Textvorschlag** auf Melodie **Halleluja (EG 182)**

Sehet die Gräser und Blumen auf dem Feld, wie sie in Blüten stehen. –
So gibt Euch Gott das, was Ihr zum Leben braucht, Halleluja, Halleluja !...

# Zuhause –

## Familiengottesdienst zum Ferienabschluß

*Symbol: Ein Schlüssel*

## Anmerkungen zu Planung, Vorbereitung und Verlauf

Das **Symbol** zum Meditieren und Mitnehmen ist ein ganz normaler Schlüssel. Bei jedem Schlüsseldienst sind unbrauchbare Schlüssel in großer Anzahl als „Schlüsselschrott" erhältlich.
Für die Feier dieses Gottesdienstes eignet sich besonders ein Sonntag kurz nach den Sommerferien. Er richtet sich besonders an die, die eine Urlaubsreise hinter sich haben.

### Verlaufsplan

**Klärungen**
Begrüßung
*Lied: Komm bau ein Haus...*
*Nachgedacht: Mein Zuhause ist nicht mein Zuhause*
*Zuhause in der Fremde. Biblische Lesung nach Jer 29*
*Gesucht: Wo ist mein Zuhause?*
*Das Wesen dieser Welt vergeht...*
Lied: Selig seid Ihr... (EG 666)

**Rede und Antwort**
*Erzählt: Die Reise durch das All*
*Lied: Weißt du, wo der Himmel ist (vgl.S. 103)*

**Teilhabe und Gemeinschaft**
*Gefunden: Zuhause, wo mein Schlüssel paßt*
*Zum Meditieren und Mitnehmen: Schlüssel*
*Zwischenruf: Wo Gott wohnt*
Lied: Ich möcht, daß einer mit mir geht (EG 209)

**Zurück in den Alltag**
*Fürbittgebet*
Vaterunser
Lied: Die Erde ist des Herrn ... (EG 677)
Segen

## Lied: Komm, bau ein Haus

Text: Friedrich Karl Barth, Peter Horst, Hans-Jürgen Netz
Musik: Peter Janssens
aus: Unkraut Leben, 1977

Refrain: Komm, bau ein Haus, das uns beschützt, pflanz einen Baum, der Schatten wirft, und beschreibe den Himmel, der uns blüht, und beschreibe den Himmel, der uns blüht.

1. Lad viele Tiere ein ins Haus und füttre sie bei unserm Baum, laß sie dort munter spielen, wo keiner sie in Kreise sperrt, laß sie dort lange spielen, wo der Himmel blüht.

Refrain: Komm, bau ein Haus ...

2. Lad viele Kinder ein ins Haus, versammle sie bei unserm Baum, laß sie dort fröhlich tanzen, wo keiner ihre Kreise stört, laß sie dort lange tanzen, wo der Himmel blüht.

Refrain: Komm, bau ein Haus ...

3. Lad viele Alte ein ins Haus, bewirte sie bei unserm Baum, laß sie dort frei erzählen von Kreisen, die ihr Leben zog, laß sie dort lang erzählen, wo der Himmel blüht.

Refrain: Komm, bau ein Haus ...

Komm, wohn mit mir in diesem Haus, begieß mit mir diesen Baum, dann wird die Freude wachsen, weil unser Leben Kreise zieht, dann wird die Freude wachsen, wo der Himmel blüht.

Refrain: Komm, bau ein Haus ...

## Nachgedacht: Mein Zuhause ist nicht mein Zuhause

Ist mein zu Hause eigentlich mein zu Hause?
Viele wohnen in einer zu engen Wohnung – und sehnen sich nach einer größeren, vielleicht nach einem kleinen Haus mit Garten.
Manche wohnen in einer Studentenbude – und wissen, daß sie bald wieder ausziehen werden.
Andere wohnen zwar hier in unserem Viertel – aber sie können jetzt schon absehen, daß sie bald den Wohnort wechseln müssen, um eine Arbeitsstelle zu finden.
Vielen geht es so wie dem Volk Israel im babylonischen Exil:
Die Israeliten richteten sich zwar heimisch ein im fremden Land – aber die Heimat, der Ort, wo sie mit dem Herzen waren – blieb das Land jenseits des Jordan ...

## Zuhause in der Fremde – Biblische Lesung nach Jer 29,4-14

So spricht der Herr Zebaoth, der Gott Israels, zu denen, die er hat in die Fremde wegführen lassen:
Baut Häuser und wohnt darin; pflanzt Gärten und eßt ihre Früchte;
Suchet der Stadt Bestes, dahin ich euch habe wegführen lassen, und betet für sie zum Herrn, denn wenn es ihr wohlgeht, so geht es euch wohl.
Aber so spricht der Herr: Wenn siebzig Jahre vergangen sind, so will ich euch suchen und will euch heimbringen in das Land, das ich euren Vätern gegeben habe. Ihr sollt zurückkehren und in Frieden und Sicherheit leben, und niemand soll euch schrecken. Da werdet ihr sein wie ein wasserreicher Garten. Denn ihr seid mein Volk, und ich will euer Gott sein.

## Gesucht: Wo ist mein Zuhause?

Ist mein zu Hause eigentlich mein zu Hause?
Gehe ich darin wirklich auf? Ich habe ein Haus, in dem ich mich wohlfühle. Ich habe Kinder, an denen ich hänge. Ich habe eine Frau, die ich liebe. Ich habe eine Gemeinde, wo ich hingehöre. Doch trotzdem befällt mich manchmal Sehnsucht. Wonach? Trotzdem empfinde ich manchmal das Bedürfnis nach Aufbruch – wohin? Trotzdem fühle ich mich manchmal wie ein flüchtiger Gast, der von allem nur kostet – und dann weiterzieht.
Ist mein Zuhause eigentlich mein Zuhause? Sollen wir Christen uns überhaupt irgendwo in dieser Welt zu Hause fühlen?

## Nachgelesen: Das Wesen dieser Welt vergeht

Die Zeit ist kurz. Das Wesen dieser Welt vergeht. Ein jeder soll so leben, wie es der Herr ihm zugeteilt hat, wie Gott ihn und sie berufen hat: Die, die Frauen haben, sollen leben, als hätten sie keine, die weinen, als weinten sie nicht. Die sich freuen, als freuten sie sich nicht; und die kaufen, als könnten sie es nicht behalten; die besitzen leben so, als besäßen sie es nicht.

*(nach 1 Kor 7,29-31)*

Denn Bestand hat nur: Was kein Auge sieht und die Hand nicht greifen kann – nämlich das, was Gott denen bereitet hat, die ihn lieben.

## Erzählt: Die Reise durch das All

Auf einem blauen Planeten irgendwo im All lebte Tim. Er war der jüngste Sohn einer Astronautenfamilie und hatte noch vier Schwestern.
Eines Tages sagte sein Vater: Packt eure Sachen. Wir fliegen fort. Ich muß einmal etwas anderes sehen als dieses ewige Blau.
Sie schlossen ihr blaues Haus ab und hängten den Schlüssel an einen Haken im Raumschiff.
Sie waren schon einige Lichtjahre weit geflogen, als Tim eines Tages zum Bullauge hinausschaute. Da entdeckte er einen Planeten, der war über und über rot.
Den schauen wir uns einmal näher an, sagte der Vater. Sie stellten ihr Raumschiff dicht neben einem roten Haus ab, auf dem ein roter Schlüssel steckte.
Hier gefällt es mir, sagte Tims Vater. Hier machen wir es uns gemütlich!

Es vergingen ein paar Tage, da wurde es Tim und seinen Geschwistern langweilig.
Immer nur rot, nörgelten sie. Der Bach vor dem Haus ist rot, die Bäume und Tiere sind rot, sogar das Spielzeug: Rot rot rot.
Also stiegen sie ins Raumschiff und machten sich wieder auf den Weg. Nach langem Flug stießen sie auf Grün-Stern.
Oh, was für eine schöne Farbe, sagten sie wie aus einem Munde.
Sie landeten gleich bei einem grünen Haus, auf dem ein grüner Schlüssel steckte, und richteten sich behaglich ein.
Diesmal war es Tims Mutter, die als erste etwas vermißte. Dieses Grün, seufzte sie. Morgens beim Aufstehen ist die Sonne grün, mittags gibt es grüne Suppe, und abends gieße ich die Blumen mit grünem Wasser. Ich kann es nicht mehr sehen!
Wieder brachen sie auf.
Ich hätte mal Lust auf einen gelben Planeten, dachte Tim. Was für ein Zufall! Kaum hatte er das gesagt, kam ein Stern in Sicht, der strahlte in schönstem Gelb. Eine Weile wohnten sie in dem gelben Haus mit dem gelben Schlüssel. Dann packte sie die Sehnsucht nach etwas neuem.
Wieder nach langem Flug landeten sie auf einem orangenen Planeten. Später wartete woanders ein brauner Planet auf sie, mit braunem Haus und braunem Schlüssel. Dann der violette Planet. Dann weiß, dann rosa. So reisten und reisten sie bis in die letzten Winkel des Alls. Einmal stießen sie übrigens auch auf den bunten Planeten. Hier hielten sie es einige Tage länger aus als gewöhnlich.
Mittlerweile war Tim fast ein großer Junge geworden.
Ich habe das Reisen satt, sagte er eines Tages. Jetzt haben wir soviele Planeten in sovielen Farben gesehen, in sovielen Häusern mit sovielen verschiedenen Schlüsseln gewohnt. Wo gehören wir eigentlich hin? Wo ist unser Zuhause?
Wo ist unser Zuhause?
Sie konnten sich nicht erinnern.
So durchquerten sie müde das All.
Was ist das eigentlich für ein alter Schlüssel, der an dem rostigen Haken dort hängt? fragte die Mutter eines Tages. Sie probierten den Schlüssel überall aus – aber er paßte auf keines der Schlösser im Raumschiff.
Schließlich gelangten sie zu einem ungewöhnlichen Stern.
Ich glaube, diese Farbe habe ich noch nie gesehen, sagte Tim.
Sie landeten dicht neben dem Haus. Doch als sie an die Türe kamen, war sie verschlossen. Kein Schlüssel steckte auf dem Schloß. Hier sind schon andere Leute zu Hause, sagte Tims Vater. Sie sind weggegangen und haben abgeschlossen.

Als sie mutlos ins Raumschiff zurückkehrten, sah Tim den rostigen Schlüssel am Haken hängen.
Ich könnte es ja wenigstens versuchen, dachte er. Er nahm den Schlüssel vom Nagel und lief hinüber zum Haus. Und wirklich: Als er den Schlüssel auf die Türe steckte, öffnete sie sich mit einem leisen Geräusch. Da plötzlich erkannte er alles wieder: Es war ihr blauer Planet mit dem blauen Himmel, mit ihrem blauen Haus und blauen Vorhängen an den Fenstern. Auf dem Küchentisch fanden sie sogar noch die blaue Vase mit einem verwelkten Strauß Blumen! Im Nu holten sie alles Gepäck aus dem Raumschiff, räumten die Schränke wieder ein und bezogen die Betten.
Hier gehen wir nie wieder weg, sagte Tims Schwester.
Nein, sagte Tim, hier bleiben wir. Der Schlüssel paßt. Hier sind wir Zuhause.

*(Kindern unter 7 Jahren muß man erfahrungsgemäß die Worte „Planet" (Stern im Weltraum) und „Astronaut" (Raumfahrer) erklären.)*

**Gefunden: Zuhause, wo mein Schlüssel paßt**

Wo ist mein Zuhause?
Da, wo mein Schlüssel passt. Da, wo eine Türe für mich offensteht. Da, wo ich eintreten darf, ohne zu klopfen. Da, wo ein Mensch für mich öffnet.
Ich habe für Sie viele Schlüssel mitgebracht. Sie werden auf Ihr Zuhause nicht passen. Das sollen sie auch gar nicht. Aber sie sollen uns an das erinnern, was unser Zuhause uns bedeutet.

**Zum Meditieren und Mitnehmen: Schlüssel**
*(Kinder verteilen die Schlüssel an die Teilnehmerinnen und Teilnehmer.)*

**Zwischenruf: Wo Gott wohnt**

Mein Zuhause ist da, wo mein Schlüssel paßt...
Ist es da nicht am besten, wenn ich gleich von vornherein bleibe, wo ich hingehöre? Kann ich es mir nicht sparen, die halbe Welt zu bereisen, oder gar das All zu durchqueren?

Wenn ich meine vertraute Umgebung nicht auf die Dauer als eintönig erleben will, muß ich erst einmal *aufbrechen.* Muß einen langen Weg machen, manchen Stern erobern und viele Farben probieren, bevor ich heimkehre und mein Zuhause wirklich zu schätzen weiß.

Mir scheint: Auch Gott ist einen solchen Weg gegangen. Er hat den Himmel verlassen, der ihm doch gehörte, und wo er hingehörte. Er ist aufgebrochen und Mensch geworden. Er hat erfahren, wie wir Menschen leben. Er hat den Tod geschmeckt, ist auferstanden und wieder in den Himmel aufgefahren.

Gott ist seither beides zugleich: Er wohnt im Himmel – doch hat er auch mitten unter uns Menschen sein Zuhause. Er ist Gott und thront über aller Welt, herrscht über alle Mächtigen – und ist doch auch mitten unter uns gegenwärtig, in der Gestalt des Menschen Jesus Christus. Er ist der Gott, der seine Verheißungen denen gibt, die aufbrechen zu neuen Ufern. Aber man muß nicht weit fahren, um ihm zu begegnen: Er segnet auch die, die bleiben, sich festmachen – und anderen einen Halt geben. Er ist der Gott, bei dem wir am Ende ankommen und ein Zuhause finden. Aber er zeigt sich auch schon jetzt, er lebt mit uns, ist ein Gefährte auf unseren Wegen.

**Fürbittgebet**

Spr.1: Herr unser Gott, Du hast uns versprochen, zu hören, wenn wir zu Dir rufen. Darum kommen wir nun zu Dir und bitten Dich:
*Gemeinde: Herr, erbarme Dich.*

Spr.2: Viele Menschen verlieren täglich ihr Zuhause, weil in ihrem Land Krieg herrscht, oder Hunger. Wir bitten Dich:
*Gemeinde: Herr, erbarme Dich.*

Spr.1: Viele Menschen haben ihre Heimat verloren und suchen bei uns ein neues Zuhause. Wir bitten Dich:
*Gemeinde: Herr, erbarme Dich.*

Spr.2: Viele Menschen sind bei sich selbst nicht zuhaus. Sie können Fremdes nicht ertragen. Wir bitten Dich:
*Gemeinde: Herr, erbarme Dich.*

Spr.1: Manche kümmern sich nur um ihre eigenen vier Wände und tragen nichts zu dem bei, was die Allgemeinheit braucht. Wir bitten Dich:
*Gemeinde: Herr, erbarme Dich.*

Spr.2: Die Erde ist das Zuhause für mehr als fünf Milliarden Menschen. Wir haben Angst, daß wir sie zu einem unwirtlichen Planeten machen. Wir bitten Dich:

*Gemeinde: Herr, erbarme Dich.*

Spr.1: Herr, ob wir aufbrechen, unterwegs sind oder ankommen: Immer willst Du unser Zuhause sein. Hilf uns, daß wir Deine Nähe spüren und ertragen können. Wir bitten Dich:

*Gemeinde: Herr, erbarme Dich.*

# Von der Schwierigkeit, anders zu sein als andere –
## Gottesdienst für Jugendliche und Erwachsene
*Symbol: Eine (Papier-)Medaille mit zwei Seiten*

## Anmerkungen zu Planung, Vorbereitung und Verlauf

Ziel dieses Gottesdienstes ist die Ich-Stärkung für Menschen in einer Lebensphase, in der sie sich von anderen verstärkt abgrenzen und spüren, daß sie an bestimmten Punkten „anders sind“. Als Vorbild dienen die prophetische Existenz Jeremias und die Antithesen Jesu aus der Bergpredigt.
Jedes ablehnende Nein kann die Kehrseite eines starken, annehmenden Ja sein. Das **Symbol zum Meditieren und Mitnehmen** ist ein Stück Papier mit zwei Seiten: Regenbogenpapier auf der einen, weiße Fläche auf der anderen (evtl. verstärkt durch Karton). Auf der einen notieren die Teilnehmerinnen und Teilnehmer, wozu sie Nein sagen. Auf der anderen tragen sie das entsprechende Ja ein (siehe: *Zum Meditieren: Die Kehrseite...*).
Aufgrund des ausführlichen *Zwischenrufs* eignet sich der Gottesdienst vornehmlich für Jugendliche und Erwachsene.

## Verlaufsplan

**Klärungen**
Musik und Begrüßung
Lied: Herr Jesu Christ, Dich zu uns wend'... (EG 155,1.2.4)
*Erinnert: Von der Schwierigkeit, anders zu sein*
Kanon: Ihr werdet die Kraft...(EG 132)

**Rede und Antwort**
*Nachgeforscht: „Ich aber sage euch“ Aus der Bergpredigt*
*Nachgedacht: Jesus macht Mut, anders zu sein.*
*Lied: Vergiß es nie: Du bist du... (vgl.S. 42)*
*Zwischenruf: Jeremia – Einer nur für Gott...*
*Lied: Gegen das Geläut*

**Teilhabe und Gemeinschaft**
*Zum Meditieren und Mitnehmen: Die Kehrseite*
Kanon: Und richte unsere Füße... (EG 679)

Zurück in den Alltag
*Fürbittgebet*
Vaterunser
Segen

**Erinnert: Von der Schwierigkeit, anders zu sein**

Spr. 1: Jawoll, ruft die Mehrheit
aber einer denkt Nein.
Spr. 2: Hurra, rufen die meisten
aber einer denkt: Naja.

Spr. 1: So ist es, rufen viele.
Einer fragt sich im stillen: Ist es so?
Spr. 2: Da lang – die Mehrheit ist sich einig.
Einer schließt sich nur zögernd an
und schaut sich nach dem Rückweg um.

Spr. 1: Rot, rufen fast alle.
Einer denkt: Blau paßt besser.
Spr. 2: Ist doch alles in Butter, meinen die meisten.
Einer meint: So geht alles zu Bruch.

Spr. 1: Läuft doch prima. Kann weiter so laufen.
Einer hat Sand in der Hand.
Aber streut ihn nicht ins Getriebe.
Spr. 2: Warum nicht?

Spr. 1: Meist zählen wir zu denen,
die sich einig sind.
Aber ab und an blicken unsere Augen schärfer
als die der anderen,
und in unserem Kopf formt sich...
Spr. 2: ...Frage statt Antwort.
Rot statt Blau.
Nein statt Ja.

**Nachgeforscht: „Ich aber sage euch" – Aus der Bergpredigt**

Spr. 1: Ihr habt gehört, wer tötet, der soll des Gerichts schuldig sein.
Ich aber sage euch: Schon wer mit seinem Bruder zürnt, der ist des Gerichts schuldig; wer aber zu seinem Bruder sagt: Du Nichtsnutz und Narr!, der ist des höllischen Feuers schuldig.

Spr.2: Ihr habt gehört, daß gesagt ist: »Auge um Auge, Zahn um Zahn«. Ich aber sage euch, daß ihr nicht widerstreben sollt dem Übel, sondern: Wenn dich jemand auf deine rechte Backe schlägt, dem biete die andere auch dar.

Spr.1: Ihr habt gehört, daß gesagt ist: „Du sollst deinen Nächsten lieben" und deinen Feind hassen. Ich aber sage euch: Liebt eure Feinde und bittet für die, die euch verfolgen, damit ihr Kinder seid eures Vaters im Himmel.

Spr.2: Ihr habt gehört: Geht den Weg des geringsten Widerstands und laßt Euch um eurer Überzeugung willen das Leben nicht schwer machen. Ich aber sage Euch: Geht hinein durch die enge Pforte. Denn der Weg ist breit, der zur Verdammnis führt, und viele sind's, die auf ihm hineingehen. Aber eng ist die Pforte, die zum Leben führt, und wenige sind's, die sie finden!

**Nachgedacht: Jesus macht Mut, anders zu sein...**

Spr.1: *Ich aber sage euch...*
Manchmal ist eine Last, anders zu sein als die anderen. Manchmal ist es sogar gefährlich.

Spr.2: Miesmacher.
Querulanten.
Notorische Nörgler.
Nestbeschmutzer.
Kritikaster.

Spr.1: Was gibt mir eigentlich das Recht, anders zu sein als andere? Wer gibt mir eigentlich das Recht, andere mit meiner Meinung aufzuhalten, wo doch sowieso schon alles klar ist? Wann darf ich auf meiner Überzeugung beharren, wann nehme ich mich besser zurück?

Spr.2: Jesus wagt starke Worte gegen Althergebrachtes: *Ich aber sage euch...!* Doch geht es ihm nicht darum, die eigene Meinung besonders hervorzukehren, *Ich* zu sagen um des eigenen Ichs willen. Wenn Jesus *Ich* sagt, dann dazu, daß Menschen im Antlitz ihrer Mitmenschen noch das Du erkennen. Liebet Eure Feinde, schleppt keinen Groll im Herzen mit.

Spr.1: *Ich* sagen – notfalls gegen alle anderen – damit bringt Jesus in Erinnerung, daß sogar der Feind ein Ich besitzt. *Ich* sagen, damit der andere, das Gegenüber zum *Du* wird – und nicht zur starren Maske.

## Zwischenruf: Jeremia – Einer nur für Gott

Manche von Euch wissen mit dem Namen Jeremia bereits etwas anzufangen. Jeremia war einer *der* Propheten des Volkes Israel. Er war derjenige, der unter seinem Prophetendasein am meisten gelitten hat. Das, was Gott von Jeremia verlangt und ihm auferlegt, war wohl tatsächlich zuviel. Schon in jungen Jahren will er Jeremia zum Propheten berufen. Von Anfang an sieht Jeremia seine Grenzen. „Ach, Gott, wie soll das gehen? Ich kann doch nicht reden. Ich bin noch ein Junge." Aber Gott beharrt: „Sag nicht: Ich bin zu jung. Schon ehe ich dich ins Leben rief, hatte ich einen Plan mit dir. Von deiner Mutter Leib an habe ich meine Hand auf dich gelegt – und nun auf: Geh, wohin ich dich sende. Verkündige, was ich dir auftrage."

Gleich die ersten öffentlichen Weissagungen Jeremias sind Paukenschläge, bei denen das Volk Israel zusammenzucken muß. „Hört, was der Ewige seinem Volk sagen läßt. Hat je ein Volk seine Götter ausgetauscht? Ihr aber habt mich ausgewechselt gegen andere Götter und treibt euer Unwesen mal mit diesem, mal mit jenem. Wie eine Wildeselin in der Brunstzeit, die läuft hierhin und dorthin. Die Hengste brauchen nicht lange nach ihr zu suchen. So tut Israel mit den Götzen der Völker ringsum."

Anfangs mögen die Leute den Kopf geschüttelt haben: So ein junger Spund und schon solche Reden? Was versteht denn der vom wirklichen Leben? Jeremias Familie – ein einflußreiches Priestergeschlecht – versucht, ihn aus dem Verkehr zu ziehen. Der Sproß aus ihrem Hause macht sie zum Gespött in Israel und ihrem Namen Schande.

Jeremia hat vielleicht am Anfang noch Gefallen gehabt an seiner neuen Rolle. Den Gefallen, den man eben daran hat, wenn man als junger Mensch den scheinbar geordneten Gang der Dinge durcheinander bringt, Honoratioren vor den Kopf stößt, Spießer aufstört und einer ganzen Gesellschaft den Spiegel vors Gesicht hält, so daß ihr Verfall und ihre Morbidität zutage tritt. Wenn Jeremia daran Gefallen gehabt haben sollte, so doch nicht lange: Die Ablehnung, auf die er stößt, wird von Mal zu Mal härter. Denn er muß Unheil ankündigen – erbarmungsloses Unheil, das wie ein siedender Kessel von Norden her über das Land schwappt und alles, Land, Städte und Leute, unter sich begräbt und verbrennt. Jeremia sieht die Babylonier kommen und Israel in der Katastrophe untergehen.

Mag sein, zuerst hat er noch bei dem ein oder anderen Sympathien geweckt: Bei aufrechten Leuten, die auch ihr Unbehagen hatten an den Zuständen in Israel, an den glatten Worten der Priester und dem religiösen Verfall, an der Bündnispolitik mit Ägypten, die das Land in einen Krieg gegen Babylonien verwickelte, der von vorneherein verloren war. Auch bei den Tagelöhnern und Kleinbauern im judäischen Bergland hat Jeremia zu Beginn vielleicht Rückhalt gehabt. Die sahen mit hilfloser Wut die Pracht, die der Jerusalemer Hof entfaltete, während ihre Kinder kaum genug zu essen hatten.

Fromme, Kleinbauern, Unterprivilegierte – all das sind Menschen, die sich im Stillen noch aus den Gerichtsreden Jeremias ausklammern können. Doch je weiter seine Verkündigung fortschreitet, desto mehr Sympathisanten verliert er: Keiner wird davonkommen. Über alle, unterschiedslos über alle werden die Stiefel der babylonischen Soldateska hinwegtrampeln. Am Ende werden die Überlebenden die Toten beneiden. So sieht er es kommen. „Und die, die ich übriglasse", spricht der Herr, „die, die ich übriglasse von diesem bösen Volk, werden lieber tot sein als lebendig."

Solche Reden können auf die Dauer auch die Selbstkritischen in Israel nicht hören. Wenigstens ein Funke Hoffnung muß dem Menschen doch bleiben! Wird Gott nicht wenigstens einen kleinen Rest lassen; ein Rest, aus dem das Volk aufs neue hervorwächst, und zu dem man selbst dann gehören kann? Wenigstens von der *Möglichkeit* zu überleben möchte man doch hören. Unmöglich, daß Gott sein Volk komplett vernichten will! Jerusalem soll erobert und dem Erdboden gleich gemacht werden? Auch der Tempel, auch die Lade, der Wohnsitz Gottes? Nein, ein Prophet, der solches redet, kann unmöglich im Namen Gottes sprechen, denn er redet Niederlage und Vernichtung Gottes selbst herbei.

Nach wenigen Jahren schon hat Jeremia ein ganzes Volk ausnahmslos gegen sich. Kritik – das ginge ja noch. Aber so radikal? Opposition – die gehört zu einer Gesellschaft dazu. Aber so fundamental, so absolut unfähig zum kleinsten Kompromiß? „Ich will dich zur ehernen Mauer machen gegen dieses Volk. Sie werden gegen dich anrennen, aber sie können dich nicht bezwingen", hatte Gott dem Propheten bei der Berufung verheißen. So kommt es auch. Aber Jeremia *erleidet* es umgekehrt: Er hat sich ins Abseits gepredigt. Wie eine Mauer steht sein Volk um ihn her; wie eine Wand aus Ratlosigkeit und Ablehnung, aus Unverständnis und Haß. Die völlige Ächtung, die totale Einsamkeit im Konflikt: Das ist mehr, als ein Mensch ertragen kann. Das ist mehr, als Jeremia ertragen kann.

So ist vor allem der erste Abschnitt des Jeremiabuches mit Selbstzweifeln durchsetzt. Die eindringlichsten Beispiele sind die sogenannten Konfessionen, Zwiegespräche mit Gott, in denen der Prophet sein Herz ausschüttet. Mehr als einmal bittet Jeremia Gott, die Last des Prophetenamtes von ihm zu nehmen. Jeremia will raus aus diesem Vertrag mit Gott, der sein Leben komplett in Anspruch nimmt. Aber Gott nimmt Jeremia in die Pflicht. „Wenn es dir schon jetzt zuviel ist, mit Fußgängern Schritt zu halten, wie willst du dann den Wettlauf mit Pferden bestehen? Ist es schlimm, was dir widerfährt? Es wird noch schlimmer kommen.“ Fast ironisch hören sich diese harten, unbeugsamen Antworten Gottes an. Ein schwacher Trost, daß Gott je und je verspricht: „Ich stehe dir zur Seite. Ich will dich schützen, will dich retten, und dich aus der Faust derer reißen, die dich umringen.“

Die Nähe Gottes ist es nicht, die Jeremia vermißt. Es ist die Nähe der Menschen. Nach langen Jahren des prophetischen Daseins will auch er endlich einmal seine Kompromisse schließen dürfen. Kompromisse mit den Ungereimtheiten des Lebens, wie es nun einmal ist. Kompromisse mit den Menschen, an denen er doch hängt, auch wenn sie auf Abwegen gehen. Muß er denn ewig gegen den Strom schwimmen? Darf – er sich nicht auch einmal treiben lassen? Eine Existenz aufbauen, ein Stück Land bewirtschaften, eine Frau lieben, Kinder großziehen, wenigstens die wenigen Jahre, bis das Unheil kommt, von dem er ja weiß, daß es hereinbrechen wird?

Gott entläßt ihn nicht aus dem Vertrag. So versucht Jeremia seinerseits, aus der Gottesverbindung auszubrechen. Schließlich ist er ein Mensch, er kann sich frei entscheiden. Er entzieht sich, er verschließt sich: „Meinen Mund stelle ich Dir nicht mehr zur Verfügung. Mein Leib hat lange genug hergehalten für Deine Sachen. Such Dir nun einen anderen. Ich werde nicht mehr an Dich denken und nicht mehr in Deinem Namen predigen.“ Jeremia verstummt und macht sich daran, ein Leben nach seinen Vorstellungen aufzubauen. Doch lange hält er das nicht aus. Das Wort, das er in sich vergräbt, brennt in seinem Herzen wie Feuer. Je länger er schweigt, desto heftiger brennen sie ihm unter den Nägeln: Worte aus Klarheit und Wahrheit liegen ihm auf der Zunge, die scharfen, eindeutigen Sätze, die alles ins rechte Licht rücken.
Er wartet, doch da kommt niemand anders, der das Wort an seiner Statt ergreift, der es ihm aus dem Mund nimmt sozusagen. Der ihm die Last abnimmt, für das einzustehen, was von Gott her zu sagen ist. Er ahnt: Wenn er nicht redet, redet keiner. Was *er* nicht tut – niemand wird es tun. Er wartet. Doch immer öfter beißt er sich nun auf die Lippen. Das Wort rumort in ihm, ist wie Schmerz und Glut in seinen Knochen – wie brennendes Feuer in seinem Herzen.

Schließlich kann er nicht mehr an sich halten, es platzt aus ihm heraus – es ist wie eine Befreiung: „Ich hätt's nicht ertragen, es in mir zu verschließen. Ich wäre schier vergangen."
Doch bald begreift er, daß nun der Kreis von neuem beginnt: Wenn er redet, zerstört er sein Leben, seine Beziehung zu den Menschen. Und auf die Dauer werden die Menschen *ihn* zerstören, weil er für sie unerträglich ist. Redet er nicht und schweigt, zerreißt ihn das Wort Gottes von innen.
Er begreift: Niemals wird er sich vor diesem Konflikt in Sicherheit bringen können. Er wird verheizt – von Gott, für die Sache Gottes. Niemals wird er sein eigenes Leben leben. Er *wird* gelebt und geht durch sein Leben wie durch das Leben eines Fremden. Ihm bleibt nichts anderes mehr, als Gott hilflos anzuschreien, wie zuletzt in einem seiner bis zum äußersten gehenden Selbstzeugnisse, den sogenanten Konfessionen Jeremias: „Gewalt ist das, was du mir antust, Vergewaltigung gegen meinen Willen. Ausgesondert hast du mich von Mutterleib an. Ach wäre doch der Leib meiner Mutter schon mein Grab geworden! Zum Propheten hast du mich bestellt, bevor du mich bereitet hast? So sei verflucht der Tag, an dem mich mein Vater gezeugt hat." (nach Jer 20,7-13)

Wer sich an den Propheten des alten Volkes Israel mißt, bekommt den unendlichen qualitativen Unterschied zu spüren: Kein noch so treuer Zeuge der Sache Jesu, kein noch so gewissenhafter Lehrer der Kirche hält diesem Vergleich mit dem Propheten stand, erst recht nicht wir selbst. Das verlangt auch keiner. Wir müssen nicht so werden wie Jeremia. Was wäre das auch für eine Welt, in der jeder sein eigener Prophet wäre? Und doch – im Leben eines jeden von uns und einer jeden werden Momente kommen, da bin unverwechselbar ich gefragt, unausweichlich. Was ich dann nicht tue, das wird niemand tun. Wenn ich den Mund dann nicht aufmache, wird ein entscheidendes Wort nicht gesagt, ins Nichts fallen und am Ende der Geschichte fehlen.

Im Leben eines jeden von uns und einer jeden kommt der Moment, da will Gott mich in seinen Dienst nehmen, unausweichlich mich. Da wird es mir dann eine Zeitlang so gehen wie Jeremia. Ich werde meinen Lebensplan loslassen müssen, ablegen müssen. Ich werde mich ein Stück weit leben *lassen* müssen.

Für meine Großtante war dieser Moment gekommen, als der Mann mit großen Schritten auf den Tod zuging. Alles stehen und liegen lassen, dabeibleiben rund um die Uhr. Ab und an eine flüchtige Stunde Schlaf im Raum nebenan. Alle Kräfte zusammenreißen – und sind doch nicht genug; müssen es aber sein. Und das alles mit der Ungewißheit: Lohnt es sich noch, bekommt er das alles überhaupt noch mit? Hört er, wenn ich rede?

Für eine Kommilitonin war der Moment gekommen, in dem ein Kind unterwegs war. Unerwartet, ungeplant, ungewollt. Berufswünsche an den Nagel hängen, sich auf den Partner einlassen, Selbstverwirklichungsideen vergessen, das Leben umkrempeln, umgraben lassen von diesem Kind, für dieses Kind. Und das alles in der Ungewißheit bis heute: War es die richtige Entscheidung, übertrage ich nicht viel zu viel Unzufriedenheiten auf das Kind, habe ich genug, um es zu lieben?

Für einen alten Lehrer von mir war es der Einsatz für eine sozial gerechte Schule. Strategiepapiere entworfen, Vorschläge unterbreitet, Konferenzen einberufen, Arbeitsgruppen geleitet, diskutiert, überzeugt, sich überzeugen lassen, Rückschläge hingenommen, einen Herzinfarkt weggesteckt um der Sache willen. Und das alles in der Ungewißheit, ob denn die Sache wirklich die richtige war: Ob *das* die Sache war, für die er sein Leben an den Nagel hängen sollte. Der zweite Infarkt hat ihn dann außer Gefecht gesetzt.

Woran erkennen wir, ob es nun Gott ist, der uns da beansprucht oder eine nichtige Sache, die uns versklaven will? Gewißheit und sichere Antwort auf diese Frage werden wir nie erhalten. Wie oft hat Jeremia um ein kleines Zeichen gebetet – ein Zeichen, daß *er* auf dem richtigen Weg ist: „Herr, zeig mir, daß sie fallen, die mir auf den Mund schlagen. Tu sie weg vor meinen Augen. Mich aber laß bestehen." Ein solches Zeichen hat er nie bekommen. Sein ganzes Leben hat er in Ungewißheit verbracht. Immer wieder – bis zuletzt – wird er sein Leben uminterpretiert haben, wie er es in unserem Predigttext tut: Sind es die eigenen Allüren, die mich zum Reden bringen – oder ist es der Geist Gottes? Ist es das hilflose Schimpfen eines Außenseiters, wenn ich spreche – oder ist es Wahrheit aus dem Mund des Ewigen? Ist das, was ich leide, Strafe Gottes – oder ist es die Ablehnung einer von Grund auf verkehrten Welt gegen ihren Richter?

Wir heute wissen es.
Jeremia selbst hat es nie erfahren. Am Ende verliert sich seine Spur. Ein Prophetenschüler berichtet, Jeremia sei von einem Trupp Aufständischer nach Ägypten verschleppt worden. Dort ist er verschollen.

Ein halbes Jahrtausend nach Jeremia kam ein anderer.
Auch einer, den Gott mit seinem ganzen Leben in die Pflicht nahm. Auch er starb den Tod durch Menschenhand. Doch hat er die Zerrissenheit überwin-

den dürfen, die das Leben Jeremias noch zerstört hat. Er, Jesus von Nazaret, machte nicht nur Mut, anders zu sein. Ihm glückte es vor allem, bedingungslos dazusein für Gott *und* bedingungslos für die Menschen. Er ist es, in dem Gott und Mensch zusammenfinden. Anders als die Geschichte Jeremias ist uns seine Geschichte bis zum Ende bekannt. Wir vergegenwärtigen sie uns Jahr für Jahr in der Passionszeit: Es ist die Geschichte Gottes, der nicht mehr nur in Dienst nimmt, Befehl erteilt und Gewalt antut, sondern selbst einsteht für sein Wort – in eigener Person. Gelitten. Gestorben und am Ende auferstanden. Der bewahre unsere Herzen und Sinne.

Amen.

## Lied: Ich will gegen das Geläut

Text: Wilhelm Willms
Musik: Peter Janssens
aus: Ave Eva, 1974


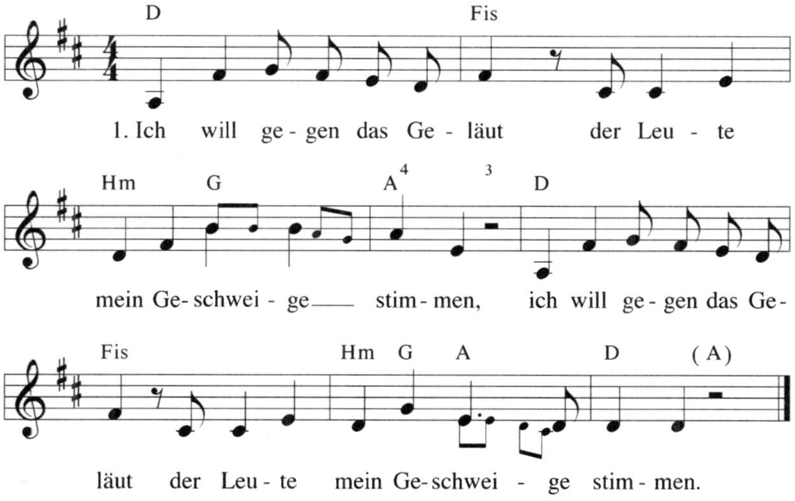


1. Ich will gegen das Geläut der Leute mein Geschweige stimmen,
ich will gegen das Geläut der Leute mein Geschweige stimmen.

2. Ich will gegen das Gedröhn der Bomben meine Träume summen,
ich will gegen das Gedröhn der Bomben meine Träume summen.

3. Ich will gegen das Geleucht der Lichter meinen Dunkelheiten trauen,
ich will gegen das Geleucht der Lichter meinen Dunkelheiten trauen.

4. Ich will für die große Flut der Tränen eine Freudenmauer bauen,
ich will für die große Flut der Tränen eine Freudenmauer bauen.

**Zum Meditieren und Mitnehmen: Die Kehrseite**

Jedes Nein hat als Kehrseite ein Ja.
Jeremias Nein war die Rückseite eines unentrinnbaren Ja zu Gott.
Wenn Jesus einmal Nein sagte, so tat er es um der Menschen willen, die ihm begegneten.
Mir fällt es schwer, Nein zu sagen. Vielleicht, weil ich das Ja, das darin verborgen liegt, nicht erkennen kann? Nein zum Chef – Ja zur Familie. Nein zu einer nicht endenden Bitte um Hilfe – Ja dazu, daß sich der Betreffende eigenständig entwickelt. Nein zu einem guten Geschäft mit schnellem Vorteil – Ja zu ehrlichem Handel und einer gerechten Gesellschaft.
Nein zu sagen ist oft unbequem. Doch gerade dann muß man es womöglich wagen – denn dann liegt auf seiner Rückseite meist ein starkes und wichtiges Ja zu den Menschen.

Wir werden jetzt Stifte und Kärtchen an Sie verteilen. Auf deren bunter Vorderseite steht das Ja. Beginnen Sie aber auf der Rückseite: Notieren Sie, welches Nein Sie dieser Tage gerne gesagt hätten, sagen wollen. Wozu? Wem?
Jedes Nein ist nur die Rückseite zu einem stärkeren Ja. Suchen sie einmal nach diesem Ja in sich. Wo*für* entscheiden Sie sich insgeheim, wenn Sie Ihr Nein sagen? Woran liegt Ihnen? Was ist Ihnen wichtig? Auch das können Sie notieren. Sie können die Vorderseite auch freilassen. Die bunten Farben erinnern Sie dann in der kommenden Woche an all das, wozu sie Ja sagen wollen.

**Fürbittgebet**

Spr.1: Herr, Du hast uns versprochen, zu hören, wenn wir zu Dir beten. So kommen wir jetzt zu Dir und rufen:
*Alle: Herr, erhöre uns.*

Spr.2: Hilf uns, Ja zu sagen, wo es möglich ist. Hilf uns, Nein zu sagen, wo es nötig ist. Hilf uns, anderen zu geben, was sie von uns bekommen können. Hilf uns unsere Grenzen zu erkennen. Wir kommen zu Dir und rufen:

*Alle: Herr, erhöre uns.*

Spr. 1: Wir bitten Dich für alle, die in ihrer Religion eng oder gar fanatisch werden. Lehre uns, dem Beispiel Jesu zu folgen: Ein Ja zu Dir, Gott, ist nie ein Nein zu den Menschen. Wir kommen zu Dir und rufen:

*Alle: Herr, erhöre uns.*

Spr. 2: Wir bitten Dich für die Völker, die sich in Haß und Krieg verrennen und die Stimmen derer ausblenden, die zum Frieden mahnen. Wir kommen zu Dir und rufen:

*Alle: Herr, erhöre uns.*

Spr. 1: Wir bitten Dich für unsere Kinder. Wir wollen ihnen von Anfang an Raum geben, sodaß sie lernen, ihre Meinung zu sagen und ihren Standpunkt zu vertreten. Wir kommen zu Dir und rufen:

*Alle: Herr, erhöre uns.*

Spr. 2: Wir bitten Dich für die, die sich nur noch um ihr eigenes Ich drehen. Die auf ihr Recht pochen und in ihren Mitmenschen das Du nicht mehr erkennen können. Wir kommen zu Dir und rufen:

*Alle: Herr, erhöre uns.*

# Danken –

## Erntedankgottesdienst in einer Stadtkirche

*Symbol: Ein Halbedelstein*

## Anmerkungen zu Planung, Vorbereitung und Verlauf

Die meisten Stadtbewohner haben zum Kreislauf von Saat und Ernte den Kontakt verloren. Nehmen sie überhaupt noch daran teil, dann jedenfalls nicht so, daß ihre Existenz davon abhängig wäre. Damit entfällt die unmittelbare Erfahrung geschenkten Lebens, die unsere Vorfahren zur Erntezeit noch gehabt haben müssen. Der folgende Entwurf versucht, die Augen für das Geschenk Leben zu öffnen. Er legt dazu das inhaltliche Gewicht stärker auf das Thema Dank, weniger auf Ernte.
Das **Symbol zum Meditieren und Mitnehmen** sind kleine Halbedelsteine (z.B.Rosenquartz), die in entsprechenden Geschäften – der Juwelier am Ort weiß, wo – hundertgrammweise verkauft werden. Für die Erzählung braucht es zusätzlich einen entsprechend größeren und gut sichtbaren Halbedelstein.
Der Gottesdienst eignet sich für eine Feier mit der ganzen Gemeinde.

## Verlaufsplan

**Klärungen**
Begrüßung
Gemeinsam gesprochen: Aus Martin Luthers Kleinem Katechismus (EG 855.2)
Lied: Wir pflügen und wir streuen (EG 508)
*Nachgedacht: Ernte? Dank?*

**Rede und Antwort**
Der reiche Kornbauer (Lk.12,16-21)
Lied: Hört, wen Jesus glücklich preist (EG 670)
*Meditation: Manchmal, mitten am Tage*
Musik
*Erzählt: Die Geschichte vom Stein, der nicht danken wollte*
Lied: Danke für diesen guten Morgen (EG 334)

**Teilhabe und Gemeinschaft**
*Zwischenruf: Danken? Es hat doch alles seine zwei Seiten!*
*Zum Meditieren und Mitnehmen: Halbedelsteine*
Lied: Aus meines Herzens Grunde... (EG 443)

**Zurück in den Alltag**
*Fürbittgebet*

Vaterunser
Segenslied: Komm, Herr, segne uns (EG 170)
Segen

## Texte

### Nachgedacht: Ernte? Dank?

Ein mit Blumen, Obst und Gemüse geschmückter Altar. Danklieder, Dankpsalmen – das alles gehört zu Erntedank, solange wir dieses Fest feiern. Er, Gott ist es, der unser *Feld*, die Erde mit *Tau und Regen* netzt. Dieses Lied stammt aus einer Zeit, als die Menschen noch Felder hatten, von denen sie sich ernährten. *Mit dem Nötigen dieses Leibes und Lebens versorgt er mich täglich und reichlich.* Mit diesen Worten haben die Menschen an Gott gedacht, als sie noch davon überzeugt waren, daß es *Gott* war, dem sie verdankten, was sie hatten und waren.
Erntedank.
Mir scheint: Lieder, Worte, Bräuche aus einer fernen Zeit.
Ernte? Wir säen und ernten nicht mehr.
Dank? Wofür haben wir noch zu danken?
Wir sorgen doch seit langem schon selbst für unsere Ernährung. Mit riesigen Maschinen, mit speziell gezüchteten Vieh- und Getreidesorten, mit Kunstdünger und Unkrautvernichtungsmitteln rücken wir der Erde auf den Leib – und entreißen ihr das, was die früheren Generationen dankbar von ihr annehmen mußten. Lastwagen, Eisenbahnen, Schiffe und Flugzeuge transportieren im Nu Nahrungsmittel von überall auf der Welt direkt in unsere Ladentheken. Wir selbst haben das so eingerichtet. Und wir tragen unseren Teil Arbeit dazu bei, daß das alles so gut wie möglich funktioniert.
Und wir bringen Opfer für unseren Wohlstand: Setzen Zeit ein. Kraft. Mancher setzt seine Gesundheit dafür ein. Gar sein Herz. Wem sollen wir da danken? Und wofür?

### Meditation: Manchmal, mitten am Tage

Spr.1: Manchmal – mitten am Tage –
geht mir ein Dankgebet durch den Kopf:
Danke – für das tägliche Brot,
das Du uns reichlich gibst.
Spr.2: Doch dann sehe ich die Bilder aus

Somalia, Indien, Lateinamerika:
Ganze Kontinente, die hungern,
während wir im Überfluß leben.

Spr. 1: Manchmal – mitten am Tage –
geht mir ein Dankgebet durch den Kopf:
Danke – dafür, daß ich eine Wohnung habe,
Kleidung und Arbeit.

Spr. 2: Doch dann sehe ich die Obdachlosen
in der Fußgängerzone,
denke an die Familie im Asylbewerberheim,
die mit fünf Kindern von der Sozialhilfe lebt
und kaum das Nötigste hat.

Spr. 1: Manchmal – mitten am Tage –
geht mir ein Dankgebet durch den Kopf:
Danke – dafür, daß ich gesund bin,
dafür, daß ich aus eigener Kraft
gehen kann, wohin ich will.
Danke dafür, daß ich Sport treiben kann
und Freude an meinem Körper habe.
Spr. 2: Aber dann höre ich von einem krebskranken Nachbarn,
von einer querschnittsgelähmten Schulkameradin,
und mache mir Gedanken:
Ich werde ja auch älter ...

Spr. 1: Manchmal – mitten am Tage –
liegt mir ein Dankgebet schon auf der Zunge.
Doch mit einemmal versammelt sich
alles Elend und Leid in meinem Kopf.
Spr. 2: Und ich bekomme kein Wort über die Lippen.

**Erzählt: Die Geschichte vom Stein, der nicht danken wollte**

Vor langer Zeit lag am Ufer eines Baches in den Bergen ein Stein. Wie lange hatte er da schon gelegen? Hundert Jahre? Tausend? Schon immer?

So alt wie der Stein, so alt war auch sein Name. *Der Stein* hieß er: So hieß er, weil ihn noch nie jemand Danke sagen gehört hatte.

Moment mal.
Hat ein Stein überhaupt etwas, wofür er danken kann. Kann ein Stein sprechen? Lebt ein Stein überhaupt? Man weiß es nicht!
Auf jeden Fall: Für diesen Stein gab es das ganze Jahr etwas zu erleben, wofür er durchaus hätte Danke sagen können.
Im Sommer zum Beispiel war es die Sonne, die Tag für Tag bedächtig über den Rand der Felswand kroch und das ganze Tal in Licht tauchte. Ringsum erwachte alles zum Leben: Die Tropfen im schäumenden Bach glitzerten übermütig im Glanz der ersten Strahlen. Die Blätter an den Büschen entfalteten sich. Und sogar die toten Äste begannen zu knacken, zu knistern und sich zu dehnen. Es war, als sage alles Danke:
Danke! summten die Mücken unablässig im Sonnenlicht.
Danke! schwirrten die Flügel der Libellen.
Danke! knarrte selbst das leblose Holz.
Ist dir nicht auch warm, Stein? fragte die Bachstelze, die sich ab und an auf ihm niederließ. Sagst du nicht auch Danke?
Nein, sagte der Stein. Ich danke nicht. Die Sonne scheint hier doch sowieso hin. Der ist es egal, ob ich hier liege, oder nicht. Wem sollte ich also danken? Und wofür?

Im Herbst kam der Wind.
Er blies an kalten Tagen durch die Schlucht und pfiff seine Musik zwischen den Felsklippen. Das war die Zeit für die Vögel! Sie sprangen kopfüber von den Klippen herunter in der Sturm, ließen sich von den Windstößen hierhin und dorthin werfen und sich gründlich das Gefieder zerzausen.
Danke! schrien die Falken vor Glück. Danke für den Wind und daß wir damit spielen dürfen!
Danke! krächzten die Raben.
Danke! zwitscherten die Mauersegler.
Willst du nicht auch Danke sagen? fragte die Bachstelze. Du spürst den Wind doch auch auf deiner steinernen Haut!
Nein, sagte der Stein. Danke sagen ist altmodisch. Das hat man früher den Kindern beigebracht. Die Zeiten haben sich geändert. Ich danke schon lange nicht mehr!
Der Winter kam. Der Wind blies Schnee das Tal hinauf. Er fiel in kleinen und großen Flocken – erst schwer und naß, dann weich und sanft.
Danke! piepsten die Mäuse, danke für die Stille.
Danke! murmelten die Murmeltiere, und legten sich zur Ruhe.
Danke! sagten die kahlgefrorenen Gräser. Der Schnee deckt uns zu.
Die Bachstelze stattete dem Stein wieder einen Besuch ab – den letzten für dieses Jahr.

Sagst du nicht Danke? Du hast doch auch eine weiße Decke bekommen? Gefällt sie dir nicht?
Bleib mir doch weg mit deinem ewigen Danke! sagte der Stein. Ich danke nicht. Kein Stein tut das. Das ist bei uns nicht Sitte!

Dann endlich kam das Frühjahr.
Der Bach schwoll mächtig an. Manchmal, wenn das Wasser auf dem höchsten Stand war, konnte es passieren, daß seine Kraft so groß war, daß es den Stein hochhob. Es nahm ihn ein Stück mit und setzte ihn an anderer Stelle wieder ab. Immer, wenn das Wasser stieg, war das ganze Tal erfüllt von Lärm.
Danke! brauste die Gischt.
Danke! schäumten und spritzten die Strudel. Danke, daß wir so wild toben dürfen!
Danke! rumpelten und pumpelten die Steine, die am Grund des Baches rollten.
Hörst du sie? fragte die Bachstelze. Das sind auch Steine und sagen doch Danke!
Aber ich nicht, sagte der Stein. Ich seh es kommen: Eines Tages erreicht mich das Wasser und reißt mich vollends in die Tiefe. Da liege ich dann für den Rest meiner Tage auf dem stillen Grund, und keiner fragt mehr nach mir. Ich wüßte nicht, was es da zu danken gibt!

So lag *Der Stein* da, Jahre, tausend Jahre. Vor lauter Nein-Ich-danke-nicht war er grau und hart geworden. Längst waren es die Kinder der Bachstelze, und ihre Kindeskindeskindeskinder, die zu ihm kamen.
Nein! Ich danke nicht, sagte er immer, wenn sie fragten.

Doch da kam – nach langer, langer Zeit ein Mensch daher. Was das für ein Mensch war, und was er gerade mit *Der Stein* vorhatte – ich kann es euch nicht sagen. Auf jeden Fall: Er las ihn vom Boden auf und steckte ihn in seine Tasche.
Schaut nur, rief der Stein, schaut nur her! Es nimmt mich jemand mit! – Danke – sagte er unwillkürlich.
Und erschrak.
Was hatte er da gesagt? Das Wort fühlte sich so ungewohnt an.
Danke, sagte er noch einmal.
Nun klang es schon besser. Danke.
Und in dem Moment, wo das Wort zum erstenmal in seinen steinernen Gedanken entstand, ging eine Verwandlung mit ihm vor:
Ganz leicht und klar wurde er plötzlich.* Und was vorher hart und grau war, schimmerte nun in einer ganz ungewöhnlichen Farbe!

Oh, sagte der Stein.
Ich wußte gar nicht, daß ich so schön sein kann. Woher das wohl kommt? Woher das wohl kommt? Ihr wißt es. Oder?

*(Es wirkt anschaulich, wenn man während des Erzählens einen Stein in der Hand hält und immer wieder zeigt. Vor dem entscheidenden Moment der Verwandlung kann man ihn unbemerkt gegen einen bereitgelegten, ungefähr gleichgroßen Halbedelstein vertauschen und diesen an der mit * markierten Stelle zeigen, als hätte sich der Stein in der eigenen Hand tatsächlich verwandelt.)*

## Zwischenruf: Danken? Es hat doch alles seine zwei Seiten!

Danke für meine Arbeitsstelle.
Danke für meine guten Freunde...
Kann man dafür eigentlich reinen Herzens danken?
Es hat doch alles seine zwei Seiten! Meine Arbeitsstelle einen Arbeitslosen anderswo. Unser Wohlstand die bittere Armut nicht weit von hier. Und mit guten Freunden verbindet einen doch in erster Linie ein lebendiges Geben und Nehmen. *(Stein zeigen)*
Hat der Stein da nicht recht gehabt: Wer realistisch ist und die Schattenseite der Dinge auch ins Kalkül zieht, der hat wohl genug Anlaß, sich das Danken zu verbeißen! *(Edelstein zeigen)*
Danken kann ich allein deshalb, weil Gott mein Leben vom Weg aufliest, wie den Stein. Weil er es in seiner Hand hält. Das, was ich erlebe, sehe, bedenke, fügt sich mit einemmal zum Guten. Auch die Schattenseiten des Daseins sind aufgehoben.

Danke, Gott. Herr, danke:
Auch mir klingen diese Worte oft fremd im Mund. Aber da, wo ich mich überwinde und sie über die Lippen bringe, wird mir mein Leben zum Gewinn. Denn es ist ja etwas daran, wofür ich danken kann! Es kommt mir so vor, als würde mein Leben mit einemmal heller, durchscheinend, leicht und und klar. Wie der Stein, der sich mit einem Wort verwandelt.

Danken – für das Gute, was Gott uns tut, also an Gottes Adresse.
Aber womöglich noch mehr um unserer selbst willen. Das Danken kann mein Leben verändern. Verwandeln, schimmernd und transparent machen, wie den Stein. Und das greifbar zu machen, habe ich heute für Sie und euch alle einen Stein mitgebracht...

**Zum Meditieren und Mitnehmen: Halbedelsteine**

*(Kinder verteilen die bereitstehenden Halbedelsteine.)*

**Fürbittgebet**

Spr. 1: Herr, unser Gott – Du hast uns geschaffen samt allen Kreaturen. Wir kommen nun zu Dir und bitten um das, was wir nötig haben. Wir rufen:

*Alle: Herr, erbarme Dich.*

Spr.2: Wir sehen mit Schrecken, daß die Natur an vielen Stellen aus der Balance gerät. Luft, Wasser, Erde, Tiere und Pflanzen – sie alle seufzen unter der Rücksichtslosigkeit des Menschen.

Spr.1: Hilf uns, Herr, im Einklang mit uns selbst und unserer Umwelt zu leben. Bring ins Gleichgewicht zurück, wenn wir etwas unwiederbringlich gestört oder gar zerstört haben. Wir kommen zu dir und rufen:

*Alle: Herr, erbarme Dich.*

Spr. 2: Wir wollen auch selber beitragen zu dem, was wieder heil werden soll. Wir denken an die Hungernden, und wollen mit ihnen teilen: Geld und Brot. Wir denken an die Einsamen und wollen mit ihnen teilen: Phantasie und Worte. Wir denken an die Behinderten und die, die das Leben langsam gemacht hat, und wollen mit ihnen teilen: Zeit und Kraft.

Spr.1: Hilf uns, Herr, daß das nicht nur gute Vorsätze bleiben. Mach uns frei, daß wir nicht in Speichern sammeln, was wir haben, sondern weitergeben von dem, was Du uns schenkst. Zeig uns die Menschen, die uns brauchen. Zeig uns die Menschen, die uns helfen können. Wir kommen zu Dir und rufen:

*Alle: Herr, erbarme Dich.*

Spr.2: Herr unser Gott, wir bitten Dich für unsere Kirche. Viele bringen viele Gaben ein. Sende Deinen Geist zu uns, denn er hilft, daß wir nicht gegeneinander oder nebeneinanderher arbeiten. Er verbindet, was wir tun, sodaß eins ins andere greift und auf dem ganzen Erdkreis eine Kirche wächst. Wir kommen zu Dir und rufen:

*Alle: Herr, erbarme Dich.*

# Wir bauen die Kirche neu –

## Familiengottesdienst

## Symbol: Holzbauklötze und Kirche

## Anmerkungen zu Vorbereitung, Planung und Verlauf

Das **Symbol** dieses Gottesdienstes ist eine aus großen, naturbelassenen Holzbauklötzen errichtete Kirche. Sie steht schon zu Beginn des Gottesdienstes für alle sichtbar auf dem Altar. Im Laufe des Gottesdienstes wird sie „abgerissen", das heißt in ihre Bestandteile zerlegt. Alle Besucherinnen und Besucher bekommen einen Bauklotz aus der Ruine. Gegen Ende des Gottesdienstes setzen sie aus diesen Einzelteilen einen neuen Kirchbau nach ihren Vorstellungen und ihrer Phantasie zusammen. Auf dem Rückweg vom Altar erhalten sie einen Bauklotz zum Meditieren und Mitnehmen. Er ist jedoch erheblich kleiner als die bisher im Gottesdienst verwendeten.
Naturbelassene Klötze in unterschiedlicher Form und Größe erhält man im Spielwarengeschäft.
Der Gottesdienst lebt davon, daß ihn die ganze Gemeinde mitfeiert. Je vielfältiger die Gemeinde, desto phantasiereicher sieht am Ende das symbolisch aus Bauklötzen errichtete Gebäude der „Kirche von morgen" aus.
Der Gottesdienst eignet sich vornehmlich für die Reformationszeit.

## Verlaufsplan

**Klärungen**
Begrüßung
Lied: Ein feste Burg (EG 362)
*Die Kirche: Ein feste Burg?*
Lied: All Morgen ist ganz frisch und neu ... (EG 440)
*Die Kirche: Reif für den Abriß?*
Die Tempelaustreibung – biblische Lesung aus Joh 2,12-22

**Rede und Antwort**
*Nachgefragt: Wer baut die Kirche neu?*
*Verteilen der „Trümmer" der abgerissenen Kirche*
*Lied: Komm, bau ein Haus (vgl.S. 116)*
*Zwischenruf: Kinder setzen Altes neu zusammen*
Taufe
Tauflied

**Teilhabe und Gemeinschaft**
*Ist Gott noch in der Kirche? – Religiöse Nachricht*
*Einladung: Die Kirche von Morgen gemeinsam bauen*
*Gemeinsamer Kirchbau aus Bauklötzen*

*Zum Meditieren und Mitnehmen: Bauklötze*
*Liedstrophe: Komm, bau ein Haus (Refr.,1.Str.,Refr.)*

**Zurück in den Alltag**
*Fürbittgebet*
Vaterunser
Lied: Gottes Spuren (EG 648)
Segen

## Texte

### Die Kirche – Ein feste Burg?

*Ein feste Burg ist unser Gott* – dieses Lied ist Symbol für das Lebenswerk Martin Luthers, nämlich die Erneuerung der Kirche. Ebenso berühmt sind seine 95 Thesen, die er handgeschrieben auf einem großen Stück Pergament an die Tür zur Schloßkirche in Wittenberg genagelt hat.
Man sagt heute: Mit diesen 95 Thesen begann die Reformation. Reformation – das heißt: Erneuerung. Eine völlige Umgestaltung der Kirche an Haupt und Gliedern – das war es, was Martin Luther mit seinen Thesen, Schriften, Aufrufen und theologischen Abhandlungen erreichen wollte. Entstanden ist daraus eine neue Kirche, die evangelische, die protestantische Kirche. Zu dieser Kirche gehören wir.
In fast jeder Stadt ist eine Straße oder ein Gemeindehaus nach dem Reformator benannt. In vielen evangelischen Kirchen hängen die 95 Thesen in lateinischer Sprache hinter Glas.
Die 95 Thesen auf Latein hinter Glas...
Unsere Kirche, die früher einmal die Kirche des Aufbruchs war, scheint alt geworden zu sein. Vielen erscheint sie wie ein morsches Gemäuer, das schroff und steil in die Landschaft ragt – wie *ein feste Burg*. Vielen erscheint sie als starr, fordernd und abweisend – wie *ein feste Wehr und Waffen.*
Ein feste Burg ist unser Gott... – Jahr für Jahr erinnern wir uns mit diesem Lied an die Erneuerung der Kirche damals. Aber wer oder was macht unsere Kirche *heute* frisch und neu?

### Die Kirche – Reif für den Abriß?

*(Auf dem Altar oder an einer sonst geeigneten Stelle steht gut sichtbar eine Kirche aus großen Holzbauklötzen. Während ein Sprecher folgenden Text*

*vorträgt, baut ein anderer die Bauklotzkirche Stück für Stück ab, bis nichts mehr bleibt. Er legt die Holzteile in bereitstehende Körbe.)*

Eine reformierte, eine erneuerte Kirche müßte völlig anders aussehen als die alte:
Zunächst einmal braucht die Kirche nicht mehr so einen hohen *Turm*. Die Kirche kann sich erneuern, indem sie demütig ist. Sie sollte nicht bei den Mächtigen zu finden sein, sondern bei den Schwachen, den Armen.
Die Kirche braucht auch nicht diese monumentalen *Mauern*. Die Kirche kann sich erneuern, indem sie sich öffnet. Sie sollte die Menschen einladen und ihnen den Zugang erleichtern.
Die Kirche braucht keine erhabenen *Säulen*. Sie lebt nicht von der Pracht, nicht vom Geld. Sie kann sich erneuern, wenn sie allein vom Wort Gottes lebt. Sie sollte leben von der Kraft derer, die für Gott eintreten und von Ihm Zeugnis ablegen.
Überhaupt dürfte die Kirche gar kein festes Haus sein, wo die Menschen hinkommen, um Gott zu begegnen. Die Kirche kann sich erneuern, indem sie beweglicher wird, flexibler. Sie sollte zu den Menschen hingehen, nicht sie kommen lassen. Sie ist von Gott gesandt. Sie sollte zu denen gehen, die selbst nicht mehr gehen können. Sie sollte bei denen auftauchen, die längst untergetaucht sind. Sie sollte denen Gottes Liebe bringen, die von allen im Stich gelassen werden.
Sie sollte, sie müßte, sie dürfte nur ...
Soweit unsere Ansprüche.

## Nachgefragt: Wer baut die Kirche neu?

Wir stehen vor den Einzelteilen der Kirche. Wir haben sie in ihre Bestandteile zerlegt und jeden einzelnen einer Prüfung unterzogen. Wir haben die Kirche auf das Notwendigste reduziert.
Aber wer baut sie jetzt wieder neu?
Überlassen wir das Jesus: Bitte bau Du in drei Tagen auf, was wir abgerissen haben, weil es uns ungeeignet schien? Oder lassen wir die Trümmer einfach liegen?
Aber wer *geht* dann zu den Einsamen? Wer *sucht* die Verlorenen? Wer kümmert sich um die Jugend, um die Alten? Wer löst die Ansprüche ein, die wir stellen? Wer – wenn nicht wir selbst?
Wir sind gefragt, wenn es darum geht, daß die Kirche Aufgaben übernimmt und ihrem Auftrag gerecht wird. Als Zeichen dafür verteilen wir die Bauklötze aus dem abgerissenen Kirchbau nun an Sie, an euch alle ...

**Verteilen der Trümmer der abgerissenen Kirche**
*Die Bauklötze aus der abgerissenen Kirche werden an die Teilnehmer ausgegeben.*

**Zwischenruf: Kinder setzen Altes neu zusammen**

Wer baut die Kirche neu? Wer erneuert die Kirche? Einen wesentlichen Schatz der Erneuerung, nicht nur für die Kirche, sondern für unser ganzes Leben drängen wir gerade in unserer Gesellschaft an den Rand: Es sind die Kinder.

Jedes Kind, das zur Welt kommt, baut die Welt neu, das heißt: Kinder fangen ganz von vorne an. Sie lernen die Welt von Anfang an kennen, buchstabieren sie sozusagen von Grund auf durch. Sie fragen nach, fragen tiefer und tiefer, bis zum Kern der Dinge. Der ist da, wo wir Erwachsenen die Antwort meist nicht mehr wissen. Kinder setzen die Dinge, mit denen sie umgehen, auf ungeahnte Art und Weise zusammen. Vielleicht läßt sich das tatsächlich mit einem großen Kasten Bauklötzen vergleichen. Wir Erwachsenen bauen daraus schnell einen hohen Turm, mit klaren Formen und einem eindeutigen Ziel: nach oben. Kinder sehen schon in den einzelnen Bausteinen viel mehr als wir: Ein einzelner Stein wird für sie zum Auto. Zwei aufeinandergesetzte Steine sind für sie ein Männchen, ein Polizist, der den Verkehr regelt. Und voll Leben ist das, was Kinder *bauen*: Städte, Häuser, Höfe, einen Zoo. Jedes Kind, das zur Welt kommt, sieht die Welt neu, baut die Welt neu...
Wenn es um Erneuerung geht, können wir uns von unseren Kindern viel abgucken, können lernen, mit ihren Augen hinzuschauen, können lernen, uns auf ihre Logik einzulassen. Wenn wir so werden wie die Kinder – vielleicht wird dann aus unseren festen Burgen ein einladendes Haus? Vielleicht wird dann aus unserer Wehr und Waffen eine offene Tür?

**Religiöse Nachricht**

Als die Nachricht um die Erde lief,
Gott sei aus der Kirche ausgetreten,
wollten viele das nicht glauben.
„Lüge, Propaganda und Legende“, sagten sie,
bis die Oberen und Mächtigen der Kirche sich erklärten:
„Wir, die Kirche, haben Gott dem Herrn

in aller Freundschaft dargelegt,
doch das Weite aufzusuchen,
aus der Kirche auszutreten und gleich alles
mitzunehmen, was die Kirche immer schon gestört.
Nämlich seine wolkenlose Musikalität,
seine Leichtigkeit und vor allem
Liebe, Hoffnung und Geduld.
Seine alte Krankheit, alle Menschen gleich zu lieben,
seine Nachsicht, seine fassungslose Milde,
seine gottverdammte Art und Weise, alles zu verzeihen
und zu helfen,
sogar denen, die ihn stets verspottet;
seine Heiterkeit, sein utopisches Gehabe,
seine Vorliebe für die, die gar nicht an ihn glauben,
seine Virtuosität des Geistes überall und allenthalben,
auch sein Harmoniekonzept bis hin zur Meinungslosigkeit,
seine unberechenbare Größe und vor allem,
seine Anarchie des Herzens – usw ...
Darum haben wir, die Kirche, ihn und seine große Güte
unter Hausarrest gestellt,
äußerst weit entlegen, daß er keinen Unsinn macht,
und fast kaum zu finden ist."

Viele Menschen, als sie davon hörten,
sagten: „Ist doch gar nicht möglich!
Nicht möglich! Ist nicht möglich!
Kirche ohne Gott, ist doch gar nicht möglich!
Gott ist doch die Kirche!
Ist doch alles gar nicht möglich!
Gott ist doch die Liebe,
und die Kirche ist die Macht,
und es heißt: 'Die Macht der Liebe!'
Oder geht es nur noch um die Macht?!"
Andere sprachen: „Auch nicht schlecht,
nicht schlecht; Kirche ohne Gott!
Warum nicht, Kirche ohne Gott!?
Ist doch gar nichts Neues,
gar nichts Neues!
Ist doch gar nichts Neues.
Gott kann sowieso nichts machen.
Heute läuft alles anders.

Gott ist out, Gott ist out!
Als Werbeträger nicht mehr zu gebrauchen."
Und:
„Die Kirche hat zur rechten Zeit das Steuer herumgeworfen."
„Kirche ohne Gott!" das ist der neue Slogan.
Doch den größten Teil der Menschen
sah man hin und her durch alle Kontinente ziehn,
und die Menschen sagten:
„Gott sei dank!
Endlich ist er frei.
Kommt, laßt uns ihn suchen!"

*Hanns Dieter Hüsch*

**Einladung: Die Kirche von morgen gemeinsam bauen**

Warum ich Ihnen diese Gedanken von H.D.Hüsch vorgelesen habe? Weil ich nirgendwo sonst Worte gelesen habe, die genauer beschreiben, wie ich mir eine Kirche, die sich immer wieder selbst erneuert, vorstelle, worauf es mir dabei ankommt: Eine Gemeinschaft von Menschen, die sich auf die Suche nach Gott begeben. Eine Gemeinschaft von Menschen, die nach Gott fragen – und nicht nur alte Antworten wiederholen. Die Kirche – eine Gemeinschaft, in der Gott Raum findet, weil wir ihm Platz lassen. Eine Gemeinde, in der all das gegenwärtig ist, was Gott mitbringt: Liebe, Hoffnung, Geduld, Leichtigkeit und Virtuosität des Geistes, fassungslose Milde des Gemüts, wolkenlose Musikalität und Heiterkeit ...
Das ist mein Traum von einer Kirche, die sich erneuert hat.
Ins Unreine gesprochen: Die Kirche lebt davon. Die Kirche von morgen lebt von unseren Träumen, von Ihren, von meinen, von den Träumen der Poeten, von den Träumen unserer Kinder. Von Träumen, Phantasie und Hoffnung, und aus unserem Engagement, das alles umzusetzen.
Deshalb können Sie jetzt helfen, aus den Bauklötzen, die wir eben verteilt haben, ein neues Gebäude zu errichten. Ich setze meinen Stein einfach einmal als ersten hierher. Setzen Sie Ihre Steine daneben, darauf, davor – aber jedenfalls so, daß Sie dem ganzen einen Akzent geben, der zu ihrem Traum von einer erneuerten Kirche passt. Sie können sich auch einfügen. – Genau betrachten: Wozu kann mein Stein jetzt in diesem Bau dienen? Sie können eine Brücke bauen und Teile verbinden, die bisher nur nebeneinander stehen. Sie können Ihren Stein etwas abseits in eine stille Nische setzen. Sie können mit ihrem Stein in die Höhe bauen, oder in die Breite. Oder nebenan ganz neu beginnen.

Wie sieht der Bau am Ende aus? Ich weiß es nicht. Ein Plan dafür liegt jedenfalls nicht vor. Lassen Sie sich ruhig Zeit. Finden Sie heraus, wie Sie sich einbringen möchten.

**Zum Meditieren und Mitnehmen: Bauklötze**

*Der Sprecher setzt seinen Baustein auf eine ausreichend große, freie Fläche auf dem Altar. Die Teilnehmer und Teilnehmerinnen kommen nach vorne und setzen ihren Stein ebenfalls. Auf dem Rückweg erhalten sie einen kleineren Bauklotz zurück.*

Auf dem Rückweg vom Altar haben Sie alle einen kleinen Baustein zurückerhalten. Er ist für Sie persönlich. Er soll uns daran erinnern, daß wir das Material der Kirche von morgen in Händen halten. Doch ist es kaum größer als ein Samenkorn und muß noch wachsen...

**Fürbittgebet**

Spr.1: Eine Kirche, die nur aus Träumen besteht – ist das nicht viel zu verträumt?

Spr.2: Herr, wir bitten Dich: Gib Du unserer Kirche Bodenhaftung, daß wir in der Wirklichkeit des Alltags verwurzelt bleiben. Daß wir auch bereit sind, Leid und Trauer zu tragen, und uns daran zu erinnern, wie Du am Kreuz gelitten hast.

Spr.1: Eine Kirche, in die jeder seinen Traum einbauen kann – wird das nicht ein totales Chaos?

Spr.2: Herr, unser Gott – von Dir kommen wir her, auf Dich gehen wir hin. Du bist der Grund, auf dem die Kirche steht. Du bist das Haupt, auf das sie hinwächst. Wir bitten Dich: Gib Deiner Kirche den Zusammenhang, damit aus unserer Vielfalt eine Einheit wird.

Spr.1: Eine Kirche, in der jeder träumt, was er will – ist das nicht zu unverbindlich und inhaltlich beliebig?

Spr.2: Herr, wir bitten Dich: Fülle unsere Kirche mit Deinem Wort. Sei gegenwärtig in allem, was wir sagen, tun und hoffen, daß wir Zeugnis ablegen von deiner Liebe und Gnade, Zeugnis vom Tod und von der Auferstehung Deines Sohnes, unseres Herrn Jesus Christus.

Amen.

# Abschied –

## Herbstgottesdienst für Kinder und Erwachsene
## Symbol: Gepreßte Herbstblätter

## Anmerkungen zu Planung, Vorbereitung und Verlauf

Das **Symbol zum Meditieren und Mitnachhausenehmen** ist ein gepreßtes Herbstblatt. Da das Sammeln und Trocknen Zeit braucht, sollte man zumindest mit diesem Teil der Vorbereitungen frühzeitig beginnen, vielleicht hilft ein Gemeindekreis.
Die für die Feier geeignete Jahreszeit ist der Herbst.

## Verlaufsplan

**Klärungen**
Begrüßung
Lied: Auf und macht die Herzen weit (EG 454)
*Wechselrede: Gesten des Abschieds*
Gebetet: „...daß ich davonmuß." (Ps 39, EG 721)
*Gedicht: R.M.Rilke, Herbst*
*Der Abschied Jesu – Lesung aus dem Johannesevangelium*
*Der Abschied D. Bonhoeffers: „Von guten Mächten"*
Lied: Von guten Mächten (EG 65)

**Rede und Antwort**
Abschied Abrahams – Biblische Lesung aus Gen12,1-4.
*Zwischenruf: Verheißung im Abschied*
*Gedicht: H.Hesse, Stufen*
*Nachgedacht: Heiter Raum um Raum durchschreiten?*
*Lied: Die Herrlichkeit auf Erden (EG 527, 1.5.6.10)*

**Teilhabe und Gemeinschaft**
*Meditation: Blätter verwelken – Neues erblüht*
*Zum Meditieren und Mitnehmen: Herbstblätter*
*Lied: Alle Knospen springen auf*

**Zurück in den Alltag**
*Fürbittgebet*
Vaterunser
Segen

## Wechselrede: Gesten des Abschieds

Das Thema unseres Gottesdienstes heute heißt **Abschied**. Hier sitzen viele Kinder. Was sagt man, wenn man sich verabschiedet?
(Mögliche Antworten: *Tschüß* – wenn man mit jemand befreundet ist. *Auf Wiedersehen* – beim Einkaufen, wenn man genau weiß: Morgen gehen wir wieder ins gleiche Geschäft. *Schlaf gut, bis morgen. Wann kommst du denn zurück?* – wenn man jemanden sehr gern hat, und er bleibt lange weg.)
Manchmal machen Leute auch eine Handbewegung zum Abschied (z.B. am Bahnhof) – ihr wißt sicher, welche? Zeigt sie mal alle.
Es gibt Leute, von denen verabschieden wir uns Tag für Tag.
Wer zum Beispiel? (Mama, Papa, Geschwister, Kindergartentante, Lehrer etc.)
Wir sagen: *Tschüß*, *bis gleich* oder *bis morgen*, ...
So ein Abschied ist nicht schlimm. Wir sehen uns ja bald wieder.
Aber es kann auch wehtun, wenn man sich verabschiedet, nämlich dann, wenn es für lange Zeit ist. Oder sogar für immer.
Dann sagen die Leute zueinander: Warum mußt du nur weggehen? Du fehlst mir schon jetzt! Kommst du noch einmal zurück?
Manche sagen auch gar nichts. Mag sein, daß ihnen eine Melodie in den Sinn kommt. Ein Lied, das sie tröstet...

## Gedicht: Herbst

Die Blätter fallen, fallen wie von weit,
als welkten in den Himmeln ferne Gärten;
sie fallen mit verneinender Gebärde.

Und in den Nächten fällt die schwere Erde
aus allen Sternen in die Einsamkeit.

Wir alle fallen. Diese Hand da fällt.
Und sieh dir diese an: es ist in allen.

Und doch ist Einer, welcher dieses Fallen
unendlich sanft in seinen Händen hält.

*Rainer Maria Rilke*

## Der Abschied Jesu – Lesung aus dem Johannesevangelium

In der Bibel kommt das Wort „Abschied“ kaum vor. Trotzdem werden in ihr viele Abschiedsgeschichten erzählt. Einige biblische Gestalten halten eine Abschiedsrede und geben den Generationen nach ihnen ein Vermächtnis. So auch Jesus. Im Grunde sind die vier Evangelien so etwas wie in die Länge gezogene Abschiedserzählungen: Kaum daß Jesus Jünger um sich geschart hat, beginnt er auch schon, sie auf sein Leiden und seinen Tod vorzubereiten. Johannes berichtet besonders ausführlich davon. Die Kapitel 13 bis 17 des Johannesevangeliums tragen die Überschrift *Jesu Abschiedsreden*. Daraus einige Verse:

Da aber Judas hinausgegangen war, sprach Jesus: Nun wird des Menschensohn verherrlicht.
Liebe Kinder, ich bin nur noch eine kleine Weile bei Euch. Ihr werdet mich suchen, aber ich sage Euch: Wo ich hingehe, da könnt Ihr nicht hingehen.
Ich gehe zurück zu dem, der mich gesandt hat. Ihr werdet weinen und traurig sein – aber Eure Traurigkeit soll in Freude verkehrt werden. Denn der Tröster, der heilige Geist, welchen mein Vater senden wird in meinem Namen, der wird Euch alles lehren, und Euch erinnern an alles, was ich Euch gesagt habe.
Und ein neues Gebot gebe ich Euch: daß Ihr Euch untereinander liebet, wie ich Euch geliebt habe. Daran wird jedermann erkennen, daß Ihr meine Jünger seid.
Euer Herz erschrecke nicht. Den Frieden lasse ich Euch, meinen Frieden gebe ich Euch. In der Welt habt Ihr Angst – aber seid getrost: Ich habe die Welt überwunden.

*(Nach Joh 13,31-34; 16,5.20; 14,26f; 16,33)*

## Der Abschied D. Bonhoeffers: „Von guten Mächten“

Von guten Mächten treu und still umgeben... Dietrich Bonhoeffer schrieb dieses Gedicht zur Jahreswende 1944/45. Er war von den Nazis der Verschwörung bezichtigt worden und saß in der Haftanstalt Plötzensee in Berlin ein. Er ahnte wohl, daß dieser Jahreswechsel der letzte war, den er erleben sollte. Mit einer Melodie unterlegt ist das Lied für die Evangelischen Christen fast so etwas wie ein Vermächtnis geworden – obwohl es zuerst an seinen engsten Familienkreis gerichtet war.

## Zwischenruf: Verheißung im Abschied

Gott spricht zu Abraham. Die Geschichten um Adam und Eva, die Sintflut, Noahs Rettung – alles, was in der Bibel bisher erzählt wurde, ist dazu nur ein Vorspiel gewesen.
Gott spricht zu Abraham. Damit beginnt die eigentliche Geschichte Gottes mit den Menschen. Zuerst mit dem Volk Israel. Dann mit Jesus von Nazaret. Dann mit der Kirche aus Juden und Christen. Am Anfang dieser Geschichte, die uns auch heute noch bewegt – wegen der wir heute überhaupt hier sitzen – am Anfang dieser Geschichte steht ein Abschied. Gott spricht zu Abraham: *Zieh fort.* Zieh fort aus deinem Heimatland, geh weg aus deiner Verwandtschaft und aus deines Vaters Haus, in ein Land, das ich dir zeigen will.
Abraham nimmt Abschied. Er muß loslassen. Freunde zurücklassen, die ihm Geborgenheit gegeben haben. Gewohnheiten aufgeben, die ihm vertraut geworden sind. Dem Ort den Rücken kehren, von dem er bisher gedacht hatte: Hier gehöre ich hin. Hier hat es seine Bewandtnis mit mir. Hier bin ich, der ich bin: Abraham. Das Dorf, die Freunde, die Geborgenheit: Abraham wird das alles vermissen und sich später ein um das andere Mal wehmütig daran erinnern.
Doch auf seinem Abschied liegt auch die Verheißung. Abraham löst alte Bindungen. Das bedeutet: Er wird Neuem begegnen, womöglich nie Geahntes kennenlernen. Abraham gibt die alte Identität auf. Er kann noch einmal ganz von vorne beginnen. Kann sich verändern – und werden, so wie er schon immer hatte sein wollen.
Abschied nehmen bedeutet immer: Ich werde frei. Frei, mich zu verändern. Frei, den Verheißungen Gottes zu folgen. Frei, meiner eigentlichen Bestimmung näher zu kommen.
Treffend beschreibt es Hermann Hesse in dem Gedicht „Stufen“.

## Gedicht: Stufen

Wie jede Blüte welkt und jede Jugend
dem Alter weicht, blüht jede Lebensstufe,
blüht jede Weisheit auch und jede Tugend
zu ihrer Zeit und darf nicht ewig dauern.
Es muß das Herz bei jedem Lebensrufe
bereit zum Abschied sein und Neubeginne,
um sich in Tapferkeit und ohne Trauern
in andre, neue Bindungen zu geben.
Und jedem Anfang wohnt ein Zauber inne,
der uns beschützt und der uns hilft, zu leben.

Wir sollen heiter Raum um Raum durchschreiten,
an keinem wie an einer Heimat hängen,
der Weltgeist will nicht fesseln und und engen,
er will uns Stuf' um Stufe heben, weiten.
Kaum sind wir heimisch einem Lebenskreise
und traulich eingewohnt, so droht Erschlaffen;
nur wer bereit zu Aufbruch ist und Reise
mag lähmender Gewöhnung sich entraffen.

Es wird vielleicht auch noch die Todesstunde
uns neuen Räumen jung entgegensenden,
des Lebens Ruf an uns wird niemals enden ...
wohlan denn, Herz, nimm Abschied und gesunde.

*Hermann Hesse*

**Nachgedacht: Heiter Raum um Raum durchschreiten?**

Und Abraham zog aus, wie der Herr ihm befohlen hatte. Was für Gefühle haben Abraham wohl bewegt, an dem Tag, als er aus seiner Heimat wegzog? Ist es da heiter zugegangen? Ohne Trauer? Nein. Da müssen Tränen geflossen sein, Umarmungen, langes Winken, auch das Wort *Niemehr* wird zu hören gewesen sein.
„Wir sollen heiter Raum um Raum durchschreiten und uns in Tapferkeit und ohne Trauern in neue Bindungen begeben."
So kann ich mir einen Abschied nicht vorstellen. Ich glaube, daß auf einem Abschied keine Verheißung liegen kann, wenn man nicht zuvor aufrichtig getrauert hat. Erst da, wo ich traurig bin, mache ich ja Ernst, hole ich in mein Leben hinein, was vor sich geht, wenn ich mich verabschiede. Erst durch die Trauer wird mir klar: Jetzt hört etwas auf. Erst die Trauer bringt es mir Stück um Stück zu Bewußtsein: Da geht etwas zu Ende, in diesem Augenblick. Unwiederbringlich vielleicht. Und nur daran, daß ich traurig bin beim Abschied, merke ich, daß ich mir selber treu bleibe – auch wenn ich mich von nun an verändere. Wenn ich nicht getrauert habe, hänge ich noch am Alten, habe mit dem Vergangenen noch nicht abgeschlossen.
Unsere Trauer und Gottes Verheißung – das sind die beiden Seiten des Abschieds. Wir können die eine nicht ohne die andere haben. Ohne Verheißung würde die Trauer ins Leere führen. Doch nur, wenn wir beim Abschiednehmen die Trauer zulassen, kann die Verheißung Gottes, der *Zauber*, der *allem neuen innewohnt*, uns helfen, weiterzuleben.

## Meditation: Blätter verwelken, Neues erblüht ...

Das Sinnbild des Abschieds im Herbst sind die fallenden Blätter. Einige Gemeindemitglieder haben sich die Mühe gemacht, Blätter zu sammeln und zu trocknen. Jetzt werden Kinder sie verteilen.

Jedes Blatt hat eine andere Farbe und andere Form – so wie auch jeder Abschied eine unterschiedliche Gestalt hat: schwer oder leicht, kompliziert oder einfach, wehmütig oder heiter. Jedes Blatt zeigt an: Die Zeit der grünen Blätter, der Wärme, des bunten Lebens geht für diesmal zuende. Natur und Menschen ziehen sich auf sich selbst zurück. Aber jedes Blatt – wenn wir es aufbewahren – erinnert uns auch daran, wie die Bäume im Sommer aussehen. Und im kommenden Jahr werden sie wieder Knospen treiben und Blätter tragen. Freuen wir uns darauf...

## Zum Meditieren und Mitnehmen: Herbstblätter

*Die getrockneten Herbstblätter werden an die Teilnehmer und Teilnehmerinnen verteilt.*

## Lied: Alle Knospen springen auf

Text: Wilhelm Willms
Musik: Ludger Edelkötter
aus: Weil du mich so magst (IMP 1036)
Wir sind Kinder dieser Erde (IMP 1045)
Weißt du, wo der Himmel ist (IMP 3001)

1. Alle Knospen springen auf, fangen an zu blühen.
Alle Nächte werden hell, fangen an zu glühen.
Knospen blühen, Nächte glühen,
Knospen blühen, Nächte glühen.

2. Alle Menschen auf der Welt fangen an zu teilen.
Alle Wunden nah und fern fangen an zu heilen.
Menschen teilen – Wunden heilen.
Knospen blühen – Nächte glühen.

3. Alle Augen springen auf, fangen an zu sehen.
Alle Lahmen stehen auf, fangen an zu gehen.
Augen sehen – Lahme gehen.
Menschen teilen – Wunden heilen.
Knospen blühen – Nächte glühen.

4. Alle Stummen hier und da fangen an zu grüßen.
Alle Mauern tot und hart werden weich und fließen.
Stumme grüßen – Mauern fließen.
Augen sehen – Lahme gehen.
Menschen teilen – Wunden heilen.
Knospen blühen – Nächte glühen.

**Fürbittgebet**

Spr. 1: Herr, unser Gott, wir fragen: Was möchtest Du von uns?

Spr. 2: Willst Du, daß ich noch einmal Abschied nehme, aufbreche, – den Pfad wechsle, die Schwelle zu einem neuen Raum überschreite?

Spr. 1: Oder willst Du, daß ich bleibe, für längere Zeit, daß ich mich binde, mir Heimat schaffe, anderen Heimat gebe?

Spr. 2: Herr, das wünschen wir uns von Dir: Zeig uns, was Du mit uns vorhast.

Spr. 1: Wenn Du mich aus alten Bindungen herausrufst, dann gib mir, daß ich mich ehrlich verabschieden kann. Daß ich nicht so tue, als mache es mir nichts aus. Daß ich den Schmerz der Bleibenden nicht vergrößere.

Spr. 2: Und wenn ich bleiben soll, wohin Du mich stellst, dann halte mich wach, damit mich das Alltägliche nicht abstumpft, wachsam, damit das, woran Du mich bindest, nicht zur Fessel wird.

Spr. 1: Wir denken an die Menschen, die uns nahe sind – auch an die Menschen und Dinge, von denen wir einmal haben Abschied nehmen müssen, und beten weiter in der Stille.

# Literatur

**Theologie und Theologische Prosa:**
Manfred Josuttis, Der Weg in das Leben, München 1991
Dieter Trautwein, Mut zum Fest, München 1975
Martin Buber, Der Weg des Menschen nach der chassidischen Lehre, Heidelberg [7]1977
Khalil Gibran, Der Prophet, Olten [27]1992
Uwe Seidel, Fällt ein Stern aus der Bahn, tvd-Verlag Düsseldorf 1988
Hanns Dieter Hüsch, Das Schwere leicht gesagt, tvd-Verlag Düsseldorf 1990

**Gebete und Liturgie:**
Huub Oosterhuis, Auf halbem Weg, Wien 1975
Ders., Um Recht und Frieden, Patmos Verlag, Düsseldorf 1989
Ders., Du bist der Atem und die Glut, Freiburg [2]1994

**Liederbücher:**
Evangelisches Gesangbuch für das Rheinland u.a., Neukirchen-Vluyn u.a. 1996
Mein Liederbuch für heute und morgen, tvd-Verlag Düsseldorf, [10]1992
Mein Liederbuch 2 – Ökumene heute, tvd-Verlag Düsseldorf 1992
Mein Kanonbuch, tvd-Verlag Düsseldorf, [2]1987
Menschenskinderlieder, Beratungsstelle für die Gestaltung von Gottesdiensten, Frankfurt/M.[15]1994
Die Fontäne in blau, Hrsg.Eckhardt Geier u.a., Stuttgart 1993.

**Für die Praxis:**
Eberhardt Dietrich, Erzähl doch wieder, Stuttgart 1988
Mit alten Menschen das Leben feiern, Materialheft der Beratungsstelle für die Gestaltung von Gottesdiensten, Nr. 58, Frankfurt 1990

**Abdruck auf S. 148-150**